Nicolas Faessel

Indexation et interrogation de pages Web décomposées en blocs visuels

Nicolas Faessel

Indexation et interrogation de pages Web décomposées en blocs visuels

BlockWeb : un modèle d'indexation et d'interrogation de pages Web

Presses Académiques Francophones

Impressum / Mentions légales

Bibliografische Information der Deutschen Nationalbibliothek: Die Deutsche Nationalbibliothek verzeichnet diese Publikation in der Deutschen Nationalbibliografie; detaillierte bibliografische Daten sind im Internet über http://dnb.d-nb.de abrufbar.

Alle in diesem Buch genannten Marken und Produktnamen unterliegen warenzeichen-, marken- oder patentrechtlichem Schutz bzw. sind Warenzeichen oder eingetragene Warenzeichen der jeweiligen Inhaber. Die Wiedergabe von Marken, Produktnamen, Gebrauchsnamen, Handelsnamen, Warenbezeichnungen u.s.w. in diesem Werk berechtigt auch ohne besondere Kennzeichnung nicht zu der Annahme, dass solche Namen im Sinne der Warenzeichen- und Markenschutzgesetzgebung als frei zu betrachten wären und daher von jedermann benutzt werden dürften.

Information bibliographique publiée par la Deutsche Nationalbibliothek: La Deutsche Nationalbibliothek inscrit cette publication à la Deutsche Nationalbibliografie; des données bibliographiques détaillées sont disponibles sur internet à l'adresse http://dnb.d-nb.de.

Toutes marques et noms de produits mentionnés dans ce livre demeurent sous la protection des marques, des marques déposées et des brevets, et sont des marques ou des marques déposées de leurs détenteurs respectifs. L'utilisation des marques, noms de produits, noms communs, noms commerciaux, descriptions de produits, etc, même sans qu'ils soient mentionnés de façon particulière dans ce livre ne signifie en aucune façon que ces noms peuvent être utilisés sans restriction à l'égard de la législation pour la protection des marques et des marques déposées et pourraient donc être utilisés par quiconque.

Coverbild / Photo de couverture: www.ingimage.com

Verlag / Editeur:
Presses Académiques Francophones
ist ein Imprint der / est une marque déposée de
OmniScriptum GmbH & Co. KG
Heinrich-Böcking-Str. 6-8, 66121 Saarbrücken, Deutschland / Allemagne
Email: info@presses-academiques.com

Herstellung: siehe letzte Seite /
Impression: voir la dernière page
ISBN: 978-3-8381-4402-3

Zugl. / Agréé par: Marseille, Université Paul Cézanne, Diss., 2011

Copyright / Droit d'auteur © 2014 OmniScriptum GmbH & Co. KG
Alle Rechte vorbehalten. / Tous droits réservés. Saarbrücken 2014

À ma mère, j'aurais tant souhaité qu'elle puisse relire aussi ces lignes
À mon père, qui m'a montré la voie

Table des matières

1	**Introduction**	**1**
2	**État de l'art**	**7**
2.1	Introduction	8
2.2	Modèles de recherche d'information	10
	2.2.1 Indexation des documents	12
	2.2.2 Évaluation des performances	14
	2.2.3 Modèle booléen	15
	2.2.4 Modèle booléen flou	16
	2.2.5 Modèle vectoriel	17
	2.2.6 Modèle probabiliste	19
2.3	Recherche d'information dans les documents semi-structurés	22
	2.3.1 XML	22
	2.3.2 XPath et XQuery	24
	2.3.3 INEX	26
	2.3.4 Différentes approches de recherche d'information dans les documents semi-structurés	28
2.4	Recherche d'information dans des blocs visuels	32
	2.4.1 Segmentation d'une page en blocs visuels	32
	2.4.2 Importance des blocs	37
	2.4.3 Classification des blocs d'une page Web	40
2.5	Indexation d'images par le contenu textuel avoisinant	41
2.6	Conclusion	44
3	**Le modèle BlockWeb**	**47**
3.1	Motivations	47
3.2	Le modèle BlockWeb	51
	3.2.1 Structuration des pages en arbres de blocs	51
	3.2.2 Identifiant et contenu d'un bloc	53
	3.2.3 Importance d'un bloc	53
	3.2.4 Perméabilité	55

TABLE DES MATIÈRES

   3.2.5 Graphe IP 55
   3.2.6 Indexation et interrogation de blocs 56
 3.3 Propriétés de l'indexation par propagation 61
 3.4 Modélisation d'une page Web 67
   3.4.1 Construction de l'arbre de blocs 68
   3.4.2 Évaluation de l'importance 68
   3.4.3 Perméabilité 69
 3.5 Conclusion 71

4 Un système pour l'extraction et l'indexation de blocs 73
 4.1 Architecture générale 76
 4.2 Transformation de pages en arbres de blocs 78
   4.2.1 Utilisation du rendu visuel 78
   4.2.2 Définition de l'arbre de blocs 85
   4.2.3 Plusieurs arbres de blocs pour une même page 89
   4.2.4 Segmentation des pages en arbres de blocs 95
   4.2.5 Segmentation semi-automatique par transformation des pages en arbres de blocs 100
 4.3 Construction déclarative du graphe IP 106
   4.3.1 Motivation : calculer l'Importance et la Perméabilité 108
   4.3.2 XIML : un langage d'indexation 110
 4.4 Conclusion 118

5 Expérimentations 121
 5.1 Environnement matériel et logiciel 122
   5.1.1 Modules utilitaires 123
   5.1.2 Transformation en arbres de blocs 124
   5.1.3 Assistant BlockWeb 125
   5.1.4 BlockWeb DB 126
 5.2 Expérimentations sur le corpus Journal électronique 128
   5.2.1 Le corpus 128
   5.2.2 Structure de la base de données 128
   5.2.3 Recherche du meilleur point d'entrée 130
   5.2.4 Recherche de blocs pour l'indexation d'images 135
 5.3 Expérimentations sur le corpus ImagEval 139
   5.3.1 Le corpus 139
   5.3.2 Protocole expérimental 142

| | 5.3.3 Résultats . . . . 153 |
| 5.4 | Conclusion . . . . 163 |

6 Conclusion 167

Bibliographie 171

Table des figures

2.1 Système de recherche d'information 11
2.2 Bruit et silence en recherche d'information 14
2.3 Le degré de similarité $sim(d_j, q)$ est est égal à $cos(\theta)$ 18
2.4 Les trois niveaux de balisages de document XML 23
2.5 Un exemple de document XML et son arbre associé 24
2.6 Processus de segmentation dans VIPS [Cai 2003] 33

3.1 Une page HTML 48
3.2 L'arbre de blocs de la page de la figure 3.1 52
3.3 Un graphe IP de la page de la figure 3.1 56
3.4 Le graphe IP d'une page composée de deux blocs 58
3.5 Le graphe IP d'une page composée de trois blocs 63
3.6 Graphe de la similararité $sim(b, q)$ en fonction de α 65
3.7 Exemple de page, avec son graphe IP associé 70

4.1 Architecture du système 76
4.2 Page d'accueil d'un journal électronique 79
4.3 Segmentation intuitive de la page de la figure 4.2 80
4.4 Arbre de blocs d'une page segmentée 81
4.5 Une galerie d'images affichée dans un navigateur 82
4.6 Code HTML d'une galerie d'images 83
4.7 Code de mise en forme de la galerie d'images 84
4.8 Article extrait d'une page de journal électronique 86
4.9 Fragment HTML correspondant à l'extrait de la figure 4.8 87
4.10 Extrait d'arbre de blocs représenté en XML 88
4.11 Schéma de l'arbre de blocs pour la recherche d'articles dans les journaux électroniques 92
4.12 Schéma de l'arbre de blocs pour la recherche d'images 94
4.13 Représentation des contextes des images 94
4.14 Réduction de l'arbre DOM d'une page 96
4.15 Arbre de blocs visuels produit par segmentation 100
4.16 Code HTML de la page Web donnée dans la figure 4.2 103

4.17 Feuille de transformation XSLT pour le schéma de représentation des articles de journaux électroniques 104
4.18 Arbre de blocs de la page, annoté par les propriétés visuelles 105
4.19 Feuille de transformation XSLT pour le schéma de représentation des images 107
4.20 XIML : importance manuelle et spatiale des blocs 113
4.21 Feuille d'indexation XIML utilisée l'indexation d'images 115
4.22 Graphe IP résultant de l'application de la feuille d'indexation XIML donnée sur la figure 4.21 117

5.1 Interface du prototype de segmentation automatique 125
5.2 Interface de l'assistant BlockWeb 126
5.3 Exemple de requête utilisant l'opérateur SEARCH et du résultat renvoyé 127
5.4 XIML : Indexation des journaux électroniques 129
5.5 Schéma des journaux électroniques 130
5.6 Profondeur des blocs pour la recherche du meilleur point d'entrée . . . 131
5.7 Les trois schémas de perméabilité pour l'indexation d'une image d'une page 136
5.8 Similarité, précision et rappel obtenus en moyenne pour les 498 images du corpus 138
5.9 Taux de recouvrement des images pertinentes de la campagne ImagEval 140
5.10 Exemples de pages du corpus ImagEval 143
5.11 Schéma de l'arbre de blocs obtenu par notre algorithme de segmentation semi-automatique 144
5.12 Exemple de page segmentée par notre algorithme de segmentation semi-automatique 145
5.13 Arbre de blocs de la page Exemple 146
5.14 Schémas de perméabilité d'une image aux autres blocs de la page (seuls les arcs de perméabilité vers le bloc **image** sont décrits) 148
5.15 XIML : perméabilité des images 149
5.16 XIML : indexation partitionnée des images 149
5.17 Indexation partitionnée des blocs **contexte** et **page** pour la page Exemple 150
5.18 XIML : indexation renforcée des images 151
5.19 Indexation renforcée des blocs **contexte** et **page** pour la page Exemple 152
5.20 Courbes de rappel/précision interpolées pour une segmentation semi-automatique et une indexation partitionnée 155

Table des figures

5.21 Courbes de rappel/précision interpolées pour une segmentation semi-automatique et une indexation renforcée 157
5.22 Schéma de l'arbre de blocs obtenu par l'algorithme de segmentation VIPS 158
5.23 Courbe de rappel/précision pour une segmentation par l'algorithme VIPS et une indexation partitionnée 160
5.24 Courbe de rappel/précision pour une segmentation par l'algorithme VIPS et une indexation renforcée 161

Chapitre 1

Introduction

L'écriture, apparue il y a plusieurs milliers d'années, a permis de conserver une trace des connaissances de l'humanité. Dès lors, la transmission du savoir n'a plus été uniquement orale, mais s'est aussi perpétuée au travers des documents écrits. L'invention de la typographie par Gutenberg en 1440 a permis une plus grande diffusion de ces documents et a, par voie de conséquence, accru la masse d'informations disponible qui a récemment explosé avec l'apparition d'Internet et du Web. Le Web est devenu un entrepôt universel de cultures et de connaissances qui permet un partage d'idées et d'informations sans précédent.

La gestion des informations disponibles sur le Web soulève bien des problèmes tels que leur représentation, leur organisation, leur indexation, leur interrogation ou leur stockage. La difficulté de ces problèmes tient à plusieurs facteurs, entre autres : l'énorme volume de ces informations, leur semi-structuration (elles ne relèvent pas, comme celles contenues dans les bases de données, d'un schéma précis et défini à l'avance), leur nature multimédia et leur accessibilité à des utilisateurs non informaticiens.

Deux langages sont principalement utilisés pour décrire les documents (ou les pages) du Web : HTML et XML. Le langage HTML est dédié à la présentation des pages du Web et à la navigation entre ces pages. Le langage XML est dédié, lui, à la représentation logique de ces documents. C'est un métalangage qui permet de définir, pour chaque catégorie de documents, le jeu de balises adapté à la description des documents de cette catégorie. Grâce à sa souplesse d'expression, XML est de plus un excellent langage pivot pour l'échange de données entre applications.

Afin de permettre aux utilisateurs d'accéder sur le Web aux informations qui les intéressent, des moteurs de recherche ont très vite été élaborés. Ils se sont appuyés sur les modèles de recherche d'information existants : le modèle booléen et le modèle vectoriel principalement. L'énorme quantité de documents disponibles et le nombre important de ceux répondant potentiellement à une requête a de plus rendu nécessaire la mise en œuvre de techniques élaborées de classement des réponses pour présenter les plus pertinentes à l'utilisateur. Au début, l'unité d'indexation ou de recherche a été la page dans sa globalité. Mais très vite le besoin s'est fait sentir de prendre en compte, dans l'expression des requêtes ou dans leur réponse, la structure de la page : sa structure logique ou sa structure visuelle. La prise en compte de la structure logique concerne plutôt l'indexation et l'interrogation de documents XML. Il s'agit de répondre à des requêtes du type : « Extraire les paragraphes de documents vérifiant un critère donné et contenant des images dont la légende vérifie un critère donné. ». La plupart des travaux dans ce domaine ont été menés dans le cadre de l'initiative INEX [1]. La prise en compte de la structure visuelle est basée sur l'hypothèse que l'organisation des informations dans une page Web reflète l'importance que le concepteur de la page accorde à ces informations et les liens que peuvent entretenir ces informations. Prendre en compte l'organisation visuelle des pages dans un moteur d'indexation et de recherche peut donc s'avérer très utile pour en améliorer la qualité. C'est à cette prise en compte que contribue cette thèse.

---

[1] Voir [Fuhr 2002], http://inex.is.informatik.uni-duisburg.de/ et http://www.inex.otago.ac.nz/

Dans cette thèse, nous proposons un nouveau modèle de recherche d'information dans les pages du Web : le modèle BlockWeb. Selon ce modèle, une page est décomposée en blocs visuels. Chaque bloc a une importance qui est fonction de ses attributs visuels (taille, couleur, taille des caractères...) et un contenu qui est un sac de termes d'indexation. Un bloc peut être perméable au contenu d'un autre bloc de la page. Ces blocs constituent l'unité d'indexation et d'interrogation, indexation et interrogation qui sont réalisées conformément au modèle vectoriel de recherche d'information. L'index d'un bloc est un vecteur construit à partir du contenu initial de ce bloc et des index des blocs auxquels il est perméable. La réponse à une requête est une liste de blocs ordonnés par ordre décroissant de similarité.

La suite de cette thèse est organisée de la façon suivante :

- Le chapitre 2 brosse un état de l'art des formalismes et des outils actuels de recherche d'information. Nous présentons tout d'abord les trois modèles de recherche d'information les plus utilisés : le modèle booléen, le modèle vectoriel et le modèle probabiliste. Nous abordons ensuite les principales avancées dans le domaine de la recherche d'information dans des documents Web en utilisant à la fois leur contenu textuel et leur structure, qu'elle soit logique ou visuelle. Comme nous l'avons dit ci-dessus, les premiers travaux sur la recherche d'information utilisant la structure logique des documents Web ont été réalisés dans le cadre de l'initiative INEX. Nous évoquons les apports de cette initiative après un bref rappel sur le langage XML et les deux langages de base pour l'interrogation de documents XML : XPath et XQuery. La recherche d'information utilisant la structure visuelle des pages

CHAPITRE 1. INTRODUCTION

Web nécessite la décomposition de celles-ci en blocs et une évaluation de l'importance de ces blocs. Nous présentons les principales méthodes permettant d'accomplir ces tâches. Une page Web mêle des informations textuelles et des informations multimédia : des images notamment. Nous terminons cet état de l'art en présentant un certain nombre de travaux sur l'indexation des images d'une page Web s'appuyant sur les textes de cette page avoisinant ces images.

- Le chapitre 3 est consacré au modèle BlockWeb qui est au cœur de cette thèse. Nous en faisons tout d'abord une présentation informelle. Nous en détaillons ensuite les différents concepts : la décomposition d'une page en blocs visuels, le contenu d'un bloc représenté sous la forme d'un sac de termes d'indexation ; l'importance d'un bloc qui ne dépend que de ses attributs visuels (taille, couleur, taille des caractères...), la perméabilité d'un bloc au contenu de ses blocs voisins et l'indexation d'un bloc qui tient compte de son contenu initial, de son importance et de sa perméabilité. Nous dégageons deux propriétés importantes du modèle BlockWeb : (i) la propriété du meilleur point d'entrée, qui exprime la capacité d'un moteur de recherche basé sur le modèle BlockWeb à renvoyer le bloc le plus spécifique pour une requête donnée et (ii) la propriété d'héritage de l'importance, qui exprime que plus un bloc est important par rapport à ses blocs frères, plus son contenu contribue à celui de son bloc père.

- Le chapitre 4 présente le prototype que nous avons élaboré pour décomposer une page Web en blocs visuels et pour indexer ces blocs, ainsi que le langage XIML que nous avons conçu pour aider l'administrateur d'une application à cette indexation. Nous illustrons le fonctionnement de ce prototype sur la segmentation et l'indexation des pages pour deux applications distinctes : l'indexation d'articles d'un journal électronique et l'indexation d'images. Nous proposons une série d'expérimentations portant sur ces applications dans le chapitre 5.

- Le chapitre 5 est dédié à la validation du modèle BlockWeb. Nous présentons tout d'abord le moteur d'indexation et de recherche que nous avons conçu à cet effet. Nous exposons et analysons ensuite deux séries d'expérimentations menées sur deux corpus différents : un corpus de pages d'articles d'un journal électronique et un corpus de la tâche de recherche combinée texte/image de la campagne ImageEval 2006. Le premier a été utilisé pour tester la capacité d'un moteur de recherche BlockWeb à trouver le meilleur point d'entrée possible dans une page web décomposée en blocs visuels. Les deux ont été utilisés pour tester la capacité d'un moteur d'indexation BlockWeb à indexer les images d'un page Web en utilisant la perméabilité des blocs contenant ces images au contenu de leurs blocs voisins.

- Le chapitre 6 conclut et dresse quelques perspectives.

Cette thèse a été effectuée au sein de l'équipe INCOD, puis du projet DYNI du laboratoire LSIS. Au delà de cette thèse, le développement et l'implantation du modèle BlockWeb est un travail d'équipe, effectué avec la collaboration du professeur Michel Scholl, et qui a fait l'objet des publications suivantes : [Bruno 2007], [Bruno 2009a], [Bruno 2009b], [Bruno 2009c] et [Bruno 2011].

Chapitre 2

État de l'art

Sommaire

2.1	Introduction	8
2.2	Modèles de recherche d'information	10
	2.2.1 Indexation des documents	12
	2.2.2 Évaluation des performances	14
	2.2.3 Modèle booléen	15
	2.2.4 Modèle booléen flou	16
	2.2.5 Modèle vectoriel	17
	2.2.6 Modèle probabiliste	19
2.3	Recherche d'information dans les documents semi-structurés	22
	2.3.1 XML	22
	2.3.2 XPath et XQuery	24
	2.3.3 INEX	26
	2.3.4 Différentes approches de recherche d'information dans les documents semi-structurés	28
2.4	Recherche d'information dans des blocs visuels	32
	2.4.1 Segmentation d'une page en blocs visuels	32
	2.4.2 Importance des blocs	37
	2.4.3 Classification des blocs d'une page Web	40
2.5	Indexation d'images par le contenu textuel avoisinant	41
2.6	Conclusion	44

2.1 Introduction

Dans cette thèse, nous proposons un modèle permettant l'indexation et l'interrogation de pages Web décomposées en un arbre hiérarchique de blocs correspondant à la structure visuelle de ces pages. Ce modèle prend en compte le contenu multimédia des blocs, leur proximité et leur importance. Ce travail se trouve au croisement de deux domaines : la recherche d'information dans des documents structurés et multimédia et l'extraction d'information à partir de pages Web. Dans ce chapitre, nous présentons les travaux sur lesquels nous nous sommes appuyés dans ces deux domaines.

Plusieurs modèles ont été proposés pour rechercher des informations dans des documents. Le premier, le modèle booléen, se contentait de relever la présence ou l'absence de termes dans le texte du document interrogé. La limite de ce modèle est son caractère binaire : un document est pertinent par rapport à une requête ou ne l'est pas. Cette pertinence ne peut donc pas être partielle, ce qui a pour conséquence qu'il n'est pas possible d'obtenir une réponse dans laquelle les documents sont ordonnés par pertinence décroissante. Pour pallier ce problème, deux autres modèles ont été conçus : le modèle vectoriel, qui considère un document ou une requête comme un sac de mots représenté par un vecteur dans l'espace des termes d'indexation et le modèle probabiliste, dont le principe consiste à évaluer la probabilité qu'un document est pertinent relativement à une requête donnée.

L'avènement du Web et la popularité des moteurs de recherche ont mis en avant la nécessité de prendre en compte, en plus de leur contenu textuel, la structure des pages : structure logique (découpage en chapitres, sections, paragraphes, etc.) et structure visuelle (découpage en blocs tels que perçus par les utilisateurs qui consultent la page). Cette prise en compte pose de nouveaux problèmes tels que celui de la combinaison de la structure et de la recherche par mot-clé ou celui de la granularité de la recherche d'information et de la taille de ces granules : une page, un titre, une section, un paragraphe, une phrase, n'ont pas la même granularité, ni la même longueur. De plus, malgré l'aide considérable que peut apporter la structure, l'utilisateur ne la connaît pas forcément et a toujours tendance au minimalisme, en préférant effectuer sa recherche avec seulement quelques mots-clés. L'extraction de la structure logique d'une page ne pose pas de problème puisqu'elle est rendue explicite par son balisage en HTML, XHTML ou XML. L'extraction de blocs visuels peut être effectuée en utilisant un algorithme de segmentation visuelle et/ou en s'appuyant sur l'arbre DOM de la page. Proche de la problématique d'extraction de la structure visuelle, l'identification des blocs non informatifs a aussi été très étudiée : barres de navigations, publicité, etc.

Dans le cas où l'on veut prendre en compte le contenu multimédia d'une page (image, vidéo...), un nouveau problème apparaît : le contenu sémantique d'une image n'est pas aussi simple à extraire que celui d'un texte. Il y a un fossé sémantique entre les « descripteurs bas niveau » (de couleur, de texture ou de contour dans le cas d'une image) qui peuvent être extraits automatiquement et ceux que pourrait fournir un être humain. En effet, les systèmes d'annotation automatique d'images sont pour l'instant limités dans leur capacité. Il est donc nécessaire d'utiliser les sources textuelles qui accompagnent ces images dans des documents (par exemple, leur légende), pour leur associer une sémantique plus riche.

Ce chapitre est organisé de la façon suivante : la section 2.2 traite des principaux modèles de recherche d'information. La section 2.3 traite de la recherche d'information dans des documents semi-structurés, principalement dans des documents XML. La section 2.4 traite de l'extraction d'une hiérarchie visuelle de blocs à partir de pages Web ainsi que de la détermination de l'importance de ces blocs, et de son utilisation pour améliorer la recherche d'information sur le Web. Enfin, la section 2.5 aborde le problème de la recherche d'information dans les images par croisement des descripteurs bas niveau extraits de ces images et de l'information sémantique apportée par le texte qui les accompagne.

2.2 Modèles de recherche d'information

Étant donnée une requête utilisateur, le but d'un système de recherche d'information est de rechercher les documents dont le contenu est plus ou moins conforme à cette requête. La figure 2.1 schématise l'architecture d'un système de recherche d'information. Le contenu d'un document est généralement représenté par un ensemble de termes et une requête s'exprime elle-même sous forme d'un ensemble de termes, éventuellement pondérés et connectés par des connecteurs logiques de conjonction, de disjonction ou de négation. On appelle indexation le processus permettant de traduire un document ou une requête en cette représentation.

L'indexation simplifie la recherche d'information mais soulève malgré tout quelques problèmes. En effet, la sémantique des documents et de l'information recherchée ne s'exprime pas tout à fait naturellement sous forme d'un ensemble de termes. Il y a des pertes d'information quand on remplace le texte d'un document par un ensemble de mots. Notamment, dans le cas de documents textuels, le langage naturel a trois caractéristiques qui rendent l'interprétation d'un texte par un ordinateur difficile : l'implicite, la redondance et l'ambiguïté. Ainsi, le sens véhiculé par un texte peut-être interprété grâce au contexte (implicite). Il peut

2.2. MODÈLES DE RECHERCHE D'INFORMATION

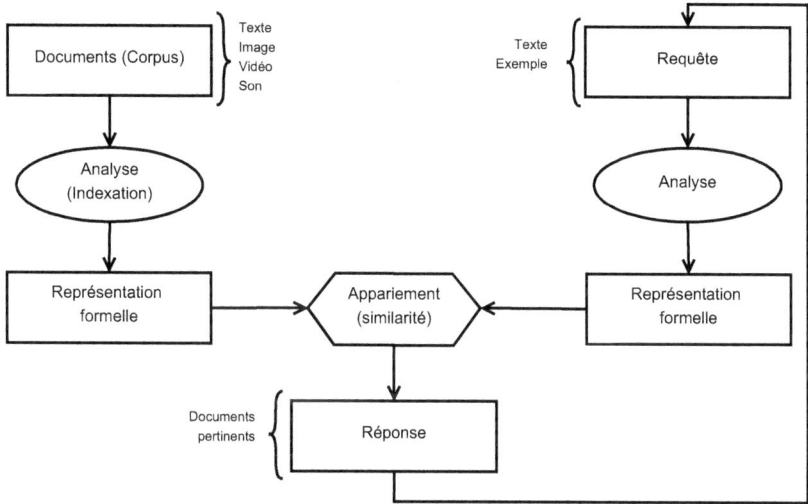

FIGURE 2.1 – Système de recherche d'information

l'être de différentes manières (redondance) dont certaines peuvent posséder plusieurs interprétations (ambiguïté). Il est alors difficile de savoir si un document contenant un ensemble de mots retrouvés pour un ensemble de mots recherchés exprime bien l'information que l'on recherche. Face à une requête donnée, le problème central de la recherche d'information est donc de savoir si tel document est pertinent ou non. Des méthodes de classification essaient d'ordonner les réponses par rapport à leur pertinence. Ainsi, dans la réponse fournie par un système de recherche d'information, les documents qui apparaissent en premier sont sensés être les plus pertinents. Il existe différents modèles de recherche d'information, qui ont chacun leur approche quant à la notion de pertinence. Les trois modèles classiques sont : le modèle booléen, le modèle vectoriel et le modèle probabiliste. Des variantes de ces trois modèles sont apparues au fil des années. Baesa-Yates en décrit une quinzaine dans [Baeza-Yates 1999]. Nous ne décrirons ici que le modèle booléen et le modèle vectoriel.

2.2.1 Indexation des documents

Soit T un ensemble de termes et D un ensemble de N documents, l'indexation d'un document d_j de D consiste à associer à chaque terme t_i de T, un poids $w_{i,j}$ qui traduit l'importance avec laquelle le terme t_i décrit le contenu du document d_j. L'ensemble des termes T peut soit être extrait du contenu des documents de D, soit être fixé à priori et provenir d'un thésaurus ou d'une ontologie.

Dans l'approche la plus classique, l'extraction des termes indexant un document se déroule en trois étapes :

1. analyse lexicale du texte le transformant en un ensemble de mots ;

2. élimination des mots dits vides tels que les articles ou les prépositions ;

3. racinisation ou lemmatisation des mots restants, avec pour but de permettre la recherche de documents contenant les différentes formes fléchies obtenues à partir d'une même racine ou d'un même lemme.

On trouvera une analyse détaillée des principales méthodes d'indexation dans [Baeza-Yates 1999].

Une fois que les termes qui indexent un document ont été sélectionnés, il faut leur attribuer un poids traduisant leur importance dans la description du contenu de ce document. Ce poids peut être simplement binaire : le terme indexe ou non le document. Il est classique de faire l'hypothèse qu'un terme est d'autant plus significatif qu'il est fréquent dans un document et qu'il l'est d'autant moins qu'il est fréquent dans la collection de documents à indexer. Considérons, par exemple, une collection de plusieurs milliers de documents. Si l'on retrouve dans tous les documents plusieurs fois le même terme, celui-ci peut-être considéré comme non informatif pour décrire le contenu du document. Inversement, un terme qui n'apparaît que dans quelques documents peut être considéré comme très significatif. Selon cette hypothèse, le poids se mesure à partir de deux facteurs. Le premier facteur est la fréquence d'un terme t_i dans le contenu d'un document d_j. Ce facteur est nommé $tf_{i,j}$ (*term frequency*). Il mesure l'importance d'un terme dans un document. C'est un facteur intra-document. Le second facteur est l'inverse de la fréquence d'un terme t_i dans l'ensemble des documents. Ce facteur est nommé idf_i (*inverse document frequency*). Il mesure le pouvoir discriminant d'un terme. C'est un facteur inter-documents. Le poids d'un terme t_i dans un document d_j est alors $w_{i,j} = tf_{i,j} \times idf_i$.

Plusieurs formules ont été proposées pour évaluer les facteurs tf et idf. Pour tf, les trois plus classiques sont les suivantes :

- $tf_{i,j} = freq_{i,j}$

- $tf_{i,j} = 1 + \log(freq_{i,j})$

- $tf_{i,j} = \frac{freq_{i,j}}{\max(freq_{i,j})} + freq_{i,j}$

où $freq_{i,j}$ est la fréquence absolue du terme t_i dans le document d_j.

Pour *idf* la formule la plus classique est :

$$idf_i = \log \frac{N}{n_i}$$

où N est le nombre de documents et n_i le nombre de documents indexés par le terme t_i ($w_{i,j} \neq 0$)

2.2.2 Évaluation des performances

Il est classique de mesurer la performance d'une recherche d'information par les critères de *rappel* et de *précision*, et leurs corollaires : le *silence* et le *bruit* (voir figure 2.2). On peut les définir comme suit. Soient :

- P l'ensemble des documents pertinents et NP leur nombre,
- R l'ensemble des documents retrouvés et NR leur nombre,
- NPR le nombre de documents pertinents retrouvés (cardinal de l'ensemble $P \cap R$),

on a :
$$\text{rappel} = 1 - \text{silence} = \frac{NPR}{NP}$$
$$\text{précision} = 1 - \text{bruit} = \frac{NPR}{NR} \tag{2.1}$$

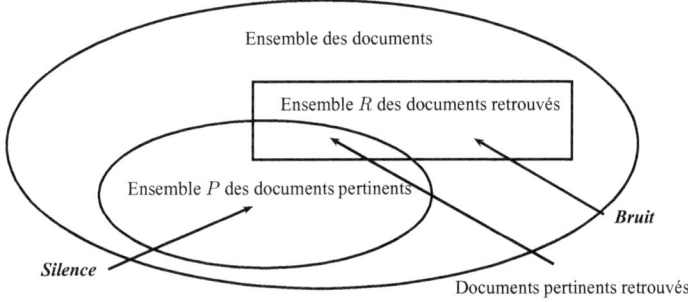

FIGURE 2.2 – Bruit et silence en recherche d'information

2.2.3 Modèle booléen

Le modèle booléen fournit un cadre facile à appréhender pour les utilisateurs d'un système de recherche d'information. Les requêtes sont exprimées par des expressions booléennes qui ont une sémantique précise : elles sont construites en utilisant les connecteurs de conjonction, de disjonction, et de négation. Ce modèle est plus orienté vers la recherche de données que vers la recherche d'information car sa stratégie de recherche est basée sur une décision binaire (un document est pertinent ou non par rapport à la requête). Il teste uniquement si les termes de la requête sont présents ou absents d'un document. Le poids des termes d'un document ainsi que la similarité d'une requête avec un document sont binaires, c'est à dire qu'ils appartiennent à l'ensemble $\{0, 1\}$. Un document est représenté par l'ensemble des termes qui l'indexent. Une requête est définie de la façon suivante :

$$q = t \mid q_1 \; et \; q_2 \mid q_1 \; ou \; q_2 \mid non \; q \mid (q)$$

où t est un terme d'indexation et q, q_1, et q_2 sont des requêtes. La similarité entre un document et une requête est le booléen défini par :

$$\begin{aligned} sim(d_j, t_i) &= w_{i,j} \\ sim(d, q_1 \; et \; q_2) &= sim(d, q_1) \wedge sim(d, q_2) \\ sim(d, q_1 \; ou \; q_2) &= sim(d, q_1) \vee sim(d, q_2) \\ sim(d, non \; q) &= \neg sim(d, q) \end{aligned} \qquad (2.2)$$

Les avantages principaux du modèle booléen sont sa simplicité et son formalisme bien défini. De plus, l'implantation peut être très performante grâce à l'utilisation de fichiers inverses. L'inconvénient majeur est que la pondération binaire des termes et de la similarité favorise le silence (cf 2.2.2).

2.2.4 Modèle booléen flou

Le modèle booléen flou permet de pallier certains inconvénients du modèle booléen strict en interprétant les documents et les requêtes dans le cadre du formalisme des ensembles flous et de la logique floue. Dans ce cadre :

- un terme peut indexer totalement, partiellement ou pas du tout un document,

- un document peut être totalement, partiellement ou pas du tout similaire à une requête.

Le poids d'un terme et la similarité d'un document avec une requête sont des réels dans l'intervalle $[0, 1]$. Le poids d'un terme t_i dans un document d_j pourra, par exemple, être évalué selon la formule :

$$w_{i,j} = \frac{freq_{i,j}}{max_i(freq_{i,j})}$$

Un document est représenté par l'ensemble flou de ses termes. On a :

$$d_j = \{w_{1,j}/t1, \ldots, w_{M,j}/t_M\}$$

Une requête est exprimée comme dans le modèle booléen strict mais les connecteurs sont interprétés dans le cadre de la logique floue : norme pour la conjonction et co-norme pour la disjonction. Dans le cas classique où la norme et la co-norme de deux valeurs de vérité sont respectivement leur minimum et leur maximum, la similarité entre un document d et une requête q est calculée de la façon suivante :

$$\begin{aligned} sim(d_j, t_i) &= w_{i,j} \\ sim(d, q_1 \wedge q_2) &= min(sim(d, q_1), sim(d, q_2)) \\ sim(d, q_1 \vee q_2) &= max(sim(d, q_1), sim(d, q_2)) \\ sim(d, \neg q) &= 1 - sim(d, q) \\ sim(d, (q)) &= sim(d, q) \end{aligned} \quad (2.3)$$

La réponse à une requête est l'ensemble flou des documents affectés chacun d'un degré d'appartenance égal à leur similarité avec la requête.

$$\text{réponse}(q) = \{sim(d_1,q)/d_1, \ldots, sim(d_N,q)/d_N\}$$

2.2.5 Modèle vectoriel

Dans le modèle vectoriel [Salton 1975], les documents et les requêtes sont représentés par des vecteurs dans l'espace M-dimensionnel des termes (où $M = card(T)$). Si d_j est un document de D, et q une requête, on a :

- $d_j = (w_{1,j}, \ldots, w_{M,j})$ où $w_{i,j}$ est le poids du terme t_i dans le document d_j
- $q = (w_{1,q}, \ldots, w_{M,q})$ où $w_{i,q}$ est le poids du terme t_i dans la requête q

Constatant qu'il est difficile pour un utilisateur de pondérer les termes de sa requête, on choisit en général l'une des deux formules suivantes pour évaluer ce poids :

- $w_{i,q} = 1$ si le terme t_i apparaît dans la requête q, 0 sinon,
- $w_{i,q} = idf_i$ (pondération globale du terme t_i) si le terme t_i apparaît dans la requête q, 0 sinon.

La similarité entre un document et une requête est classiquement mesurée

- soit par le produit scalaire de leurs vecteurs :

$$sim(d_j, q) = \overrightarrow{d_j} \bullet \overrightarrow{q} \qquad (2.4)$$

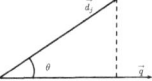

FIGURE 2.3 – Le degré de similarité $sim(d_j, q)$ est est égal à $cos(\theta)$

- soit par le cosinus de l'angle de leurs vecteurs (voir figure 2.3) :

$$sim(d_j, q) = \frac{\overrightarrow{d}_j \bullet \overrightarrow{q}}{|\overrightarrow{d}_j| \times |\overrightarrow{q}|} \qquad (2.5)$$

Le produit scalaire a l'inconvénient d'être sensible à la longueur des documents contrairement au cosinus qui s'en affranchit en normalisant ces deux vecteurs. Cependant, les auteurs de [Singhal 1996] ont constaté qu'au delà d'une certaine longueur, cette normalisation favorisait les documents les plus courts au détriment des documents les plus longs. Ils ont proposé une normalisation dite « à pivot ».

Dans le modèle vectoriel, les termes sont supposés mutuellement indépendants, c'est-à-dire que connaître le poids d'un terme dans un document ne nous apprend rien sur le poids d'un autre terme dans ce même document. En réalité, les termes indexant un document ne sont pas sans corrélation. Par exemple, supposons que les termes *ordinateur* et *réseau* soient utilisés pour indexer un document qui couvre le domaine des réseaux d'ordinateurs. Il y a beaucoup de chance pour que dans ce document, l'apparition d'un de ces deux mots entraîne l'apparition de l'autre. Ainsi, les deux mots étant corrélés, leurs poids devraient refléter cette corrélation. Bien que l'hypothèse de l'indépendance mutuelle des termes ne soit pas totalement réaliste, sa prise en compte facilite l'automatisation de l'indexation. Des propositions ont été faites pour prendre en compte les dépendances entre termes mais en pratique cette dépendance peut s'avérer être un inconvénient. En effet, certaines dépendances sont locales et leur utilisation sur l'ensemble des documents de la collection risquerait de diminuer la performance globale. En fait, les études réalisées n'ont pas montré un avantage significatif de la prise en compte de la corrélation entre termes pour des collections non spécialisées de documents. Par ailleurs, cette prise en compte implique une complexification non négligeable du modèle vectoriel.

Le modèle vectoriel est un modèle simple et robuste qui peut être implanté de façon performante. Son avantage sur le modèle booléen est de retourner, en réponse à une requête, les documents qui y répondent classés par similarité décroissante. De plus, il se prête bien à l'amélioration des réponses obtenues pas un mécanisme de retour de pertinence (*relevance feedback*).

2.2.6 Modèle probabiliste

Les modèles probabilistes s'inscrivent dans un cadre formel basé sur la théorie des probabilités, visant à estimer la probabilité qu'un document soit pertinent pour une requête donnée [Maron 1960, Robertson 1976]. La plupart de ces modèles sont basés sur le « principe de classement probabiliste » (Probability Ranking Principle [Robertson 1977]), stipulant qu'un système de recherche d'information qui renvoie une liste de documents ordonnés par leur probabilité de pertinence décroissante pour une requête donnée, en supposant que ces probabilités soient estimées aussi exactement que possible à partir de toute l'information disponible, aura la meilleure performance.

Plus formellement, soit R l'ensemble des documents connus comme pertinents (ou initialement supposés comme tel), $\overline{R}$ le complément de R (c'est-à-dire l'ensemble des documents non pertinents). Soit $P(R|d_j)$ la probabilité que le document d_j soit pertinent pour la requête q, $P(\overline{R}|d_j)$ la probabilité que d_j ne soit pas pertinent pour q. La similarité $sim(d_j, q)$ entre le document d_j et la requête q est définie comme suit

$$sim(d_j, q) = \frac{P(R|d_j)}{P(\overline{R}|d_j)}$$

En utilisant la règle de Bayes

$$sim(d_j, q) = \frac{P(d_j|R) \times P(R)}{P(d_j|\overline{R}) \times P(\overline{R})}$$

où $P(d_j|R)$ représente la probabilité de sélectionner au hasard le document d_j dans l'ensemble R des documents pertinents et $P(R)$ représente la probabilité qu'un document choisi au hasard parmi l'ensemble de la collection soit pertinent.

En supposant que $P(R)$ et $P(\overline{R})$ sont égales pour chaque document de la collection on obtient :

$$sim(d_j, q) \sim \frac{P(d_j|R)}{P(d_j|\overline{R})}$$

Dans le modèle d'indépendance binaire, on suppose que les poids des termes d'indexation sont binaires, c'est-à-dire $w_{i,j} \in \{0, 1\}$, $w_{i,q} \in \{0, 1\}$. On suppose aussi que les termes sont indépendant au sein du document (c'est-à-dire que l'apparition d'un terme t n'est par conditionné par la présence ou l'absence d'un terme t' dans le même document).

De plus, ce modèle probabiliste est orienté « recherche » et s'intéresse à la pertinence d'un document par rapport à un requête, contrairement aux modèles d'indexation probabilistes ([Maron 1960, Maron 1977, Cooper 1978]), qui eux essayent de déterminer lors du processus d'indexation si le terme à indexer décrit le contenu du document, ou si son apparition est aléatoire et n'est pas spécifique au document. Dans le premier cas le terme est indexé, sinon il ne l'est pas. Le modèle d'indexation décrit par Harter ([Harter 1975]) se base sur la loi de Poisson, afin de déterminer le pouvoir discriminant des termes en fonction de leur distribution.

Le modèle de pondération BM25 [Jones 2000] (appelé couramment Okapi) est un modèle non-binaire qui prend en compte les fréquences d'occurrences des termes, ainsi que d'autres informations statistiques telles que la longueur moyenne des documents constituant le corpus étudié.

Des extentions aux modèles probabilistes ont été proposées pour représenter les inférences possibles entre les documents et les requêtes, en les modélisant par un réseau bayésien ([Turtle 1990, Callan 1992]).

Les auteurs de [Fuhr 1992, Crestani 1998, Nie 2004] proposent un état de l'art des modèles probabilistes.

Plus récemment sont apparus les modèles de langues [Ponte 1998, Hiemstra 1998, Song 1999, Ng 1999, Lavrenko 2001, Lafferty 2001], qui essayent de capter les régularités linguistiques d'une langue afin de déterminer la probabilité qu'une séquence de mots soit générée par le modèle. Lorsque l'on applique ces modèles à la recherche d'information, le but est d'estimer la probabilité que la requête soit générée à partir du modèle de langue du document ([Ponte 1998]). Sur le même principe, Hiemstra ([Hiemstra 1998]) proposent de déterminer les modèles du document et de la requête et d'affecter un score au document en utilisant une mesure de comparaison entre les modèles.

Un état de l'art des modèles de langue est disponible dans [Boughanem 2004].

2.3 Recherche d'information dans les documents semi-structurés

La recherche d'information dans les documents Web a fait émerger la nécessité de prendre en compte la structure de ces documents pour améliorer les performances de cette recherche. Cette structure est accessible à travers le balisage des documents (HTML, XHTML ou XML) qui les découpe en un ensemble d'éléments structurés hiérarchiquement et, au travers des liens de référence internes et externes entre ces éléments, d'une structure de graphe. Une grande partie des travaux de recherche menés dans ce domaine l'a été dans le cadre de l'initiative INEX [Fuhr 2002].

2.3.1 XML

XML (eXtensible Markup Langage) [Bray 2008] est un langage qui permet de structurer l'information contenue dans un document par des balises. Les documents XML peuvent être utilisés selon deux approches :

- l'approche orientée données : les documents ont une structure uniforme et sont vus comme une base de données. Dans ce cadre, XML peut être utilisé comme un langage d'interface entre des applications hétérogènes.

- l'approche orientée documents : les documents n'ont pas de structure uniforme. L'accent est mis sur leurs contenus textuels.

La figure 2.4 [van Zwol 2005] montre que le balisage des documents XML peut s'effectuer sur trois niveaux. Au niveau présentation, le balisage est utilisé pour la mise en forme du document XHTML (sous ensemble de XML) et son affichage.

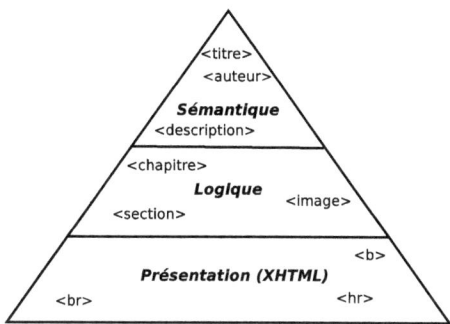

FIGURE 2.4 – Les trois niveaux de balisages de document XML

Au niveau logique, le balisage décrit l'organisation du document (par exemple, un ouvrage découpé en chapitres, eux-même découpés en paragraphes, eux-même composés de phrases). Au niveau sémantique, le balisage fournit des informations sur l'identification et le contenu sémantique des documents (comme les balises de méta-données du Dublin Core, par exemple). La figure 2.5 donne un exemple de document XML et l'arbre de document qui lui est associé.

```
<bib>
  <book year="1994">
    <title>TCP/IP Illustrated</title>
    <author>
      <last>Stevens</last>
      <first>W.</first>
    </author>
    <section number="1">
      <para>...</para>
      ...
    </section>
    ...
  </book>
  ...
</bib>
```
(a) Le document XML

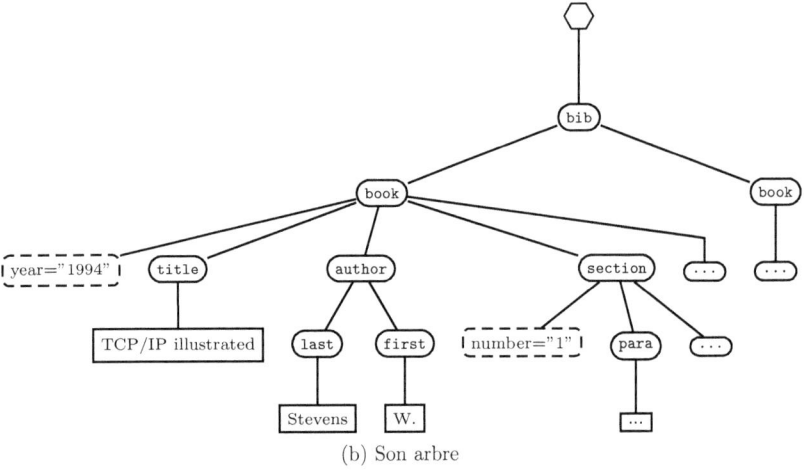

(b) Son arbre

FIGURE 2.5 – Un exemple de document XML et son arbre associé

2.3.2 XPath et XQuery

Un ensemble très riche de langages a été développé au sein du W3C (World Wide Web Consortium) pour manipuler les documents XML. Les trois principaux sont XPath, XSLT et XQuery. Nous présentons ici le premier et le troisième.

XPath

XPath [Kay 2007] est un langage qui permet d'adresser des parties de documents XML. XPath a pour objectif de naviguer dans la représentation abstraite d'un document XML : l'arbre du document, afin de pouvoir sélectionner certains fragments. La localisation de ces fragments peut s'effectuer par un adressage absolu si on connaît exactement le chemin complet conduisant à ces fragments depuis la racine de l'arbre du document ou bien par filtrage, si on ne connaît pas ce chemin ou la structure du document.

Par exemple, sur le document de la figure 2.5, la requête XPath suivante :

//book[author/**last**='Stevens']/title

a pour résultat :

<title>TCP/IP Illustrated</title>

XQuery

XQuery [Chamberlin 2007] est un langage d'interrogation de données XML qui exploite les deux aspects de XML : l'aspect orienté données et l'aspect orienté informations. En effet, XQuery est le pendant de SQL pour les données XML. Il exploite les capacités de navigation de XPath. XQuery permet les manipulations suivantes :

- la sélection de données,

- les jointures,

- les imbrications hiérarchiques,

- la restructuration d'arbre,

- ...

XQuery Full-Text

Une extension de XQuery, XQuery Full-Text [Shanmugasundaram 2009], a été développée pour ajouter les fonctionnalités nécessaires afin que XQuery possède des capacités de recherche plein texte et de classement des réponses par pertinence. Ainsi, ce langage permet d'interroger le texte contenu entre les balises : recherche par mots-clés, par phrases, après racinisation ou lemmatisation, en utilisant des opérateurs booléens, de proximité, etc. La recherche peut être effectuée sur des structures partiellement connues, combiner des prédicats sur les différents fragments du document, ignorer des sous-fragments et, afin de classer les réponses à une requête, XQuery Full-Text peut accueillir une fonction qui mesure la similarité entre un fragment de document et une requête.

2.3.3 INEX

L'initiative pour l'évaluation de la recherche d'information dans des documents XML, INEX [Fuhr 2002], a permis le développement de jeux de tests et de méthodes d'évaluation des systèmes de recherche d'information dans des documents XML. INEX met à disposition une volumineuse collection de documents XML (498 Mo de données en 2002), ainsi qu'un jeu de requêtes impliquant ou non la structure des documents.

Une requête INEX comporte quatre parties : un titre, une description, une narration et des mots-clés. Le titre contient l'expression de la requête. La description se compose d'une ou deux phrases en langage naturel spécifiant l'information

2.3. RECHERCHE D'INFORMATION DANS LES DOCUMENTS SEMI-STRUCTURÉS

recherchée. La narration est une explication plus détaillée de la requête, décrivant ce qui rend le document pertinent ou non. Les mots-clés sont ceux utilisés pour la recherche des documents par le système de recherche d'information. La tâche initiale, privilégiée, est la recherche ad'hoc. En 2004, les tâches de retour de pertinence (*relevance feedback*) et d'interrogation en langage naturel ont été rajoutées, ainsi que de nouveaux jeux de données : données hétérogènes, données interactives et données multimédias.

Il existe deux types de requêtes :

- les requêtes CO (Content Only) qui sont des requêtes de recherche d'information traditionnelles dans lesquelles il n'y a aucune référence à la structure du document. Le système de recherche d'information peut retourner des éléments XML de granularité variable.

- les requêtes CAS (Content And Structure) qui posent en plus des contraintes sur la structure des éléments à retrouver. Ces contraintes peuvent avoir une interprétation stricte ou floue.

Pour être utile à l'évaluation, une requête doit remplir plusieurs conditions :

- être interprétable de manière vague/floue,

- ne pas être un simple processus mécanique de résolution de chemin,

- avoir au moins 5 résultats connus,

- être de complexité moyenne ($2 <$ résultats pertinents < 20),

- représenter un besoin d'information réel.

Au fil des années, INEX a proposé plusieurs langages d'expression de requêtes. Pour le premier atelier, l'expression d'une requête consistait à spécifier les mots-clés recherchés et dans le cas des requêtes CAS, le contexte de ces mots-clés (les éléments dans lesquels ils doivent se trouver) et les éléments cibles (ceux à fournir en réponse). Il est vite apparu que ce langage de requête n'était pas assez expressif [Jovan Pehcevski 2003]. Pour le second atelier, en 2003, XPath a été adopté [Kay 2007], dans l'espoir qu'il pourrait corriger tous ces problèmes, ce qu'il a fait. En ajoutant des fonctions pour classer l'information retrouvée et en éliminant les fonctions non orientées recherche d'information, XPath est suffisamment expressif mais il introduit de nouveaux problèmes qui sont analysés dans [O'Keefe 2003]. En 2003, le groupe de travail sur les requêtes INEX a identifié les conditions requises pour un langage de requête convenable pour INEX [Sigurbjörnsson 2004] qui ont conduit à la définition d'un nouveau langage, NEXI [Trotman 2004], utilisé à partir du troisième atelier (2004).

2.3.4 Différentes approches de recherche d'information dans les documents semi-structurés

Approches historiques

Parmi les précurseurs de la recherche dans des documents semi-structurés, on peut citer les travaux de [Fuller 1993, Wilkinson 1994]. Les auteurs de [Wilkinson 1994] propose un découpage de documents en sections de différents types (titre, résumé, etc) pour mener des expérimentations visant à mesurer si l'utilisation de la structure typée ainsi créée améliorait la recherche de documents [1].

---
[1] Les documents provenaient d'une partie de la base fournie par TREC (Text REtrival Conference) : http://trec.nist.gov/

2.3. RECHERCHE D'INFORMATION DANS LES DOCUMENTS SEMI-STRUCTURÉS

Peu après, les auteurs de [Chiaramella 1996] ont proposé un formalisme pour la recherche d'information structurée, plus particulièrement pour la recherche d'information multimédia. Basée sur ce formalisme, les auteurs de [Lalmas 1997] ont proposé une approche permettant de combiner la croyance des sous-structures d'un document pour en calculer sa pertinence. L'opérateur d'agrégation se base sur les mesure de croyance et de plausibilité décrit dans la théorie de l'évidence de Dempster-Schafer ([Shafer 1976]).

Les auteurs de [Myaeng 1998] proposent une extension du modèle Inquery ([Callan 1992]) permettant de calquer un réseau d'inférence bayésien directement sur la structure d'un document SGML ([Van Herwijnen 1994]) afin de renvoyer pour une requête, aussi bien des documents complets que des fragments de document.

Propagation d'index

L'indexation d'un document XML pose le problème de la propagation des index (ensembles ou vecteurs de termes) des éléments feuilles qui sont en général ceux qui portent le contenu textuel ou multimédia (images par exemple) vers les éléments qui les englobent.

Les auteurs de [Fuller 1993] proposent calculer la similarité d'un élément n provenant de la représentation arborescente d'un document structuré (dans leur cas, il s'agit d'un document représenté en SGML) en pondérant la similarité de cet élément [2] par son type, et en l'additionnant récursivement avec la similarité du cosinus des nœuds fils de n.

---
[2] calculée par la formule du cosinus du modèle vectoriel classique

Afin de renvoyer les éléments d'un document répondant le mieux à une requête, [Cui 2003] propose un algorithme efficace de propagation d'index. Les termes qui sont distribués de manière homogène au sein de plusieurs éléments frères sont déplacés de ces éléments vers l'élément parent. L'avantage de cette méthode est qu'elle évite la duplication des termes. De plus, cette méthode, basée sur l'entropie des termes, permet d'éviter les problèmes dus à une grande variabilité de la longueur des textes contenus dans ces éléments. Un algorithme de classement de chemins dans l'arbre permet de retrouver le meilleur fragment de document qui répond à la requête.

Le principe de cet algorithme est le suivant : le poids d'un terme t dans un paragraphe P est donné par $tf(t, P) \times idf(t)$. Soit E un élément composé des éléments $F_1, \ldots, F_n$:

- si un terme t est distribué de façon uniforme dans $F_1, \ldots, F_n$, il est sélectionné pour indexer E et retiré des index de $F_1, \ldots, F_n$;

- la distribution de t dans E est mesurée par son entropie qui dépend de $tf(t, E)$, des $tf(t, F_j)$, et de n (nombre de fils de E) ;

- le poids de t dans E est égal à $tf(t, E) \times entropie(t, E)$;

- t est sélectionné si son poids dans E est $\geq$ à la moyenne des poids de t dans $F_1, \ldots, F_n$ augmentée de la déviation standard de ces poids.

L'interrogation est réalisée conformément au modèle vectoriel. La réponse à une requête est constituée des éléments dont la similarité est supérieure à un seuil donné, classés par ordre décroissant de similarité. Lors du calcul de la similarité entre une requête et un élément E, le poids d'un terme t est celui avec lequel il apparait dans E ou dans un élément ancêtre de E, sachant que, par construction, il n'apparaît que dans l'un de ces éléments.

Propagation de scores

Les auteurs de [Sauvagnat 2004] ont proposé le modèle XFIRM. Dans ce modèle, seules les feuilles des documents XML sont indexées. Lors de l'interrogation, la pertinence des éléments feuilles est calculée, puis propagée vers leurs éléments parents de manière récursive.

Les auteurs de [Verbyst 2008b, Verbyst 2008a, Verbyst 2009], quant à eux proposent une correspondance de vecteurs en contexte. Dans leur approche, les éléments sont appelés des *doxels* (pour *document element*). Leur système permet une interrogation de doxels prenant en compte les relations de composition (inclusion des doxels), et les relations non compositionnelles qui sont définies par le voisinage sémantique et la relation de lien hypertextuelle entre les doxels. Chaque doxel feuille est indexé par un vecteur dont les composantes sont des couples (terme, fréquence absolue du terme dans l'élément). L'indexation des doxels non feuilles s'effectue par une propagation récursive des index des doxels vers leur parent. A la fin de la propagation, les termes de chaque vecteur sont pondérés par leur *idf*.

L'espace formé par les doxels en relation non compositionelle avec un doxel d correspond au *contexte* de d (noté ctx_d). Des valeurs de spécificité et d'exhaustivité sont définies entre d et chaque doxel d' appartenant à son contexte. La relation entre d et d' est dite spécifique si d' ne traite que des sujets dont traite d et exhaustive si d' traite de tous les sujets dont traite d.

La fonction de correspondance entre un doxel d et une requête q permet une combinaison linéaire de la valeur de pertinence propre au contenu de d et des valeurs de pertinence de chaque doxel $d' \in ctx_d$ apportées par propagation, combinées avec leurs valeurs de spécificité et d'exhaustivité calculées entre d et d'.

Leurs expérimentations sur la tâche de recherche ad'hoc de la campagne INEX montrent que la prise en compte du contexte des doxels améliore les résultats de la recherche. De plus, leur modèle flexible a permit, lors de ces expérimentations, de tester différents modèles de calcul de similarité pour le classement des résultats, notamment le modèle vectoriel classique et un modèle de langue utilisant un lissage de Dirichlet. On peut observer à partir de ces résultats que l'approche à base de modèle de langue donne de meilleurs résultats que le modèle vectoriel pour la recherche contextuelle (dans la tâche *Relevant in Context*).

D'une manière générale, il a été montré au sein des premières campagnes d'INEX que le modèle vectoriel donne de bon résultats pour la recherche ad'hoc ([Huang 2006]). Toutefois, les résultats obtenus en utilisant des approches probabilistes, tel que le modèle BM25 ([Broschart 2008, Itakura 2008]) ou encore des modèles de langues ([Sigurbjörnsson 2005, Mulhem 2009, Li 2009]) donnent aussi de très bon résultats, voire meilleurs que le modèle vectoriel.

2.4 Recherche d'information dans des pages Web décomposées en blocs visuels

2.4.1 Segmentation d'une page en blocs visuels

Comme le constatent les auteurs de [Cai 2003] et [Simon 2005], la structure visuelle d'une page Web, qui diffère généralement de sa structure logique, traduit l'importance relative des informations dans cette page et éventuellement leurs associations. Cette structure visuelle peut donc être exploitée par un système de

2.4. RECHERCHE D'INFORMATION DANS DES BLOCS VISUELS

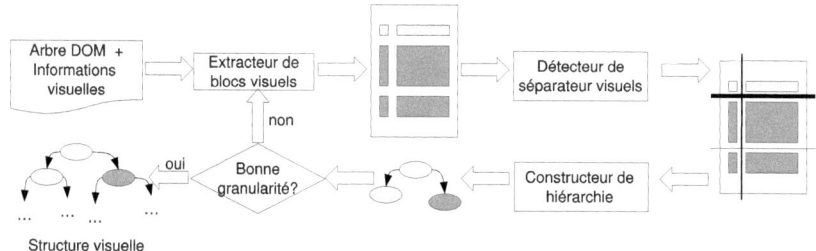

FIGURE 2.6 – Processus de segmentation dans VIPS [Cai 2003]

recherche d'information. L'approche la plus simple pour extraire les blocs visuels d'une page consiste à élaborer manuellement un segmenteur ad-hoc mais il est plus efficace de s'appuyer sur la description HTML de la page.

Dans [Cai 2003], les auteurs proposent un algorithme de segmentation appelé VIPS (VIsion based Page Segmentation). VIPS permet de segmenter une page Web en blocs visuels. Il utilise un ensemble de règles heuristiques basées sur l'arbre DOM de cette page et son rendu dans un navigateur pour générer la structure visuelle d'une page Web.

À chaque bloc visuel est associé un degré de cohérence (DoC) qui est une valeur entière comprise entre 1 et 11. L'algorithme de segmentation est récursif. Au départ, il n'y a qu'un seul bloc visuel : la page. On segmente chaque bloc visuel déjà obtenu en appliquant les règles de segmentation. Cet algorithme comporte trois étapes :

1. détection des blocs visuels,

2. détection des séparateurs visuels,

3. construction de la hiérarchie visuelle.

A la fin de ces trois étapes qui forment un cycle de segmentation, on vérifie que chaque bloc correspond à la granularité désirée (c'est-à-dire que son DoC est inférieur à un seuil défini manuellement). Si ce n'est pas le cas, l'algorithme est répété sur les blocs qui n'ont pas la granularité désirée. Ces derniers sont considérés comme une sous-page à laquelle on applique un nouveau cycle de segmentation.

L'algorithme de VIPS a été conçu pour être appliqué à des document répondant à la recommandation HTML 4.01 du W3C. Or, cette recommandation est maintenant obsolète et souffre de plusieurs limitations, notamment celle d'utiliser les balises HTML aussi bien à des fins de structuration logique qu'à des fins de présentation. Il est possible de prendre en compte de nouveaux attributs visuels accessibles grâce au langage CSS et de généraliser le processus de détection de blocs et de séparateurs en fonction des caractéristiques visuelles des nœuds de l'arbre DOM plutôt que par leur nom de balise HTML.

Détection de blocs visuels Afin de déterminer quels sont les blocs visuels (étape 1), les auteurs proposent un algorithme de division des nœuds de l'arbre DOM, s'appuyant sur un ensemble de règles heuristiques qui permettent de décider si un nœud doit être divisé ou non, c'est-à-dire si le nœud testé forme un bloc visuel ou non. Chaque nœud de l'arbre DOM peut être représenté comme un bloc visuel. Toutefois, les auteurs distinguent certains nœuds utilisés à des fins d'organisation, tel que les tables (**TABLE**) et les paragraphes (**P**), qui, s'ils dépassent une certaine taille, doivent être divisés et remplacés par leur fils. Ils font aussi une distinction entre les nœuds associés à des éléments de type « en-ligne » (**STRONG, BR, IMG**...) et ceux associés à des éléments de type « bloc » (**DIV, P**...). Les règles de division des nœuds se basent sur différents critères :

- Les éléments HTML :

  1. Les éléments de séparation (HR), qui permettent de tracer une ligne horizontale, peuvent être utilisées pour séparer différentes informations. Ainsi, les éléments qui contiennent de tels éléments sont divisés. Il est possible d'étendre cette notion aux éléments qui possèdent une bordure.

  2. Les éléments *en-ligne* contenant des éléments *bloc* sont divisés.

- La couleur de fond : Si un élément possède une couleur de fond différente de celle de ses enfants, il est préférable de diviser cet élément, tout en prenant soin de ne pas diviser ses enfants dont la couleur de fond diffère, lors de cette étape. Il est possible d'étendre cette notion aux éléments qui possèdent un fond différent, que ce soit la couleur ou encore une image affichée sur toute la surface d'affichage de l'élément.

- Le cohérence textuelle : si un élément ne possède que des nœuds textes *en-ligne*, il est préférable de ne pas le diviser.

- La taille de l'élément : si un élément possède une taille inférieure à un seuil défini pour sa balise, il n'est pas divisé.

Suite à l'application de ces règles, à chaque nœud qui n'est pas divisé est associé un bloc avec un certain degré de cohérence.

Détection de séparateurs visuels Les séparateurs sont déterminés par l'espace qui sépare les blocs précédemment sélectionnés. Des poids sont affectés aux séparateurs, en tenant compte des différences visuelles entre les blocs qu'ils séparent. Les critères visuels pris en compte sont :

- La distance entre les blocs : plus cette distance est grande, plus le poids est fort.

- La présence de séparateurs visuels (élément HR ou encore bordure) croisant un séparateur augmente le poids de ce dernier.

- La différence d'arrière-plan entre les blocs qui se situent de chaque coté du séparateur augmente aussi le poids de ce séparateur.

- La différence de police.

- La structure des blocs autour du séparateur. Par exemple, si les blocs de chaque côté sont tous les deux du même type, composés uniquement de texte par exemple, cela diminue le poids du séparateur.

Construction de la hiérarchie visuelle   On recherche les séparateurs horizontaux et l'on divise alors l'ensemble des blocs au niveau du séparateur de poids le plus fort. On obtient ainsi au moins deux nouvelles zones, dans lesquelles les séparateurs verticaux sont recherchés. Le même processus est répété de manière récursive sur les nouvelles zones détectées, en alternant la recherche de séparateurs horizontaux et de séparateurs verticaux, jusqu'à ce qu'il n'y ait plus de séparateurs. La hiérarchie visuelle est ainsi construite selon cet ordre.

On vérifie alors que les nouveaux blocs de la hiérarchie visuelle possèdent la granularité désirée. Le processus de segmentation est ainsi répété sur les blocs qui n'ont pas atteint le niveau de granularité désiré.

Dans [Zou 2006], les auteurs proposent un algorithme simplifié par rapport à VIPS qui se base sur l'analyse de l'arbre DOM et l'utilisation d'un algorithme de segmentation provenant de la communauté OCR : l'algorithme X-Y cut [Ha 1995]. Cet algorithme permet de segmenter un document en un arbre hiérarchique de rectangles, en segmentant au niveau des espaces blancs du document. Cet algorithme, sensible aux bruits sur les documents numérisés, est très performant dans le cas de documents non bruités comme le sont les pages Web.

Ici aussi, le processus de segmentation est récursif. Au départ, il n'y a qu'un seul rectangle : la page. On construit pour chaque rectangle un profil de projection horizontal qui accumule la densité de chaque ligne de pixels sur un axe vertical et de la même façon un profil de projection vertical. On repère sur chaque profil de projection les « creux » où l'accumulation de pixels est nulle, ce qui correspond à un espace blanc. On segmente au niveau du creux le plus grand, d'abord horizontalement, puis verticalement. On répète le processus sur chaque nouveau rectangle obtenu jusqu'à ce qu'aucun creux ne puisse plus être détecté.

2.4.2 Importance des blocs

Plusieurs méthodes ont été proposées pour évaluer l'importance des blocs visuels d'une page. Les plus simples [Lin 2002, Yi 2003] classent les blocs en blocs informatifs et non informatifs. Dans [Lin 2002], cette classification est basée sur l'entropie des mots-clés et dans [Yi 2003], elle est basée sur les propriétés des blocs (présentation, contenu textuel, liens...) ainsi que sur la fréquence des blocs dans le corpus (par analogie avec le facteur *idf*).

La méthode présentée par les auteurs de [Song 2004] est plus ambitieuse. Ils proposent un système de classement de blocs par leur importance, basé sur une analyse des caractéristiques spatiales et structurelles de pages Web segmentées en blocs. Dans leur approche, l'importance reflète le degré de corrélation entre un bloc et le thème d'une page. Leur système permet de classer les blocs sur une échelle d'importance à 4 niveaux :

- niveau 1 : bloc non informatif (publicité, décoration...),

- niveau 2 : bloc utile mais pas vraiment lié au contenu de la page (menu),

- niveau 3 : bloc pertinent par rapport au thème de la page, mais qui n'est pas d'une importance vitale,

- niveau 4 : blocs les plus importants de la page (titre par exemple).

D'après l'étude menée auprès des utilisateurs, cette classification est cohérente avec la perception de l'importance qu'ont ces utilisateurs. Cette classification est réalisée par apprentissage. Les pages sont segmentées en utilisant l'algorithme VIPS [Cai 2003], puis pour chaque bloc, un vecteur de caractéristiques est construit à partir des caractéristiques spatiales (taille, position...) et des caractéristiques du contenu (balise, longueur du texte, nombre de liens, nombre et taille des images, taille et famille de police...). Deux méthodes d'apprentissage sont utilisées : régression par réseaux de neurones et machine à support de vecteurs (SVM). Une conclusion intéressante est qu'utiliser les caractéristiques spatiales seules donne de meilleurs résultats qu'utiliser les caractéristiques de contenu seules, bien que l'ajout de ces dernières améliore les performances.

Les auteurs de [Liu 2006] proposent une méthode adaptative d'évaluation d'un score d'importance. Leur système, basé sur l'entropie de Shannon, prend en compte le poids qu'apporte chaque caractéristique dans le calcul de l'importance,

2.4. RECHERCHE D'INFORMATION DANS DES BLOCS VISUELS

et ceci en fonction du type de page Web traitée. Leur système utilise des critères spatiaux et des critères de contenu. Chaque critère possède un poids calculé et est combiné avec les autres critères de sa catégorie (spatiale ou de contenu). Le score des critères spatiaux et des critères de contenus sont combinés. Contrairement à [Song 2004], leurs résultats semblent montrer que les critères de contenu jouent un plus grand rôle que les critères spatiaux dans le calcul de l'importance. Leur approche diffère de celle des auteurs de [Song 2004], qui considèrent que les blocs non informatifs possèdent un contenu et une présentation similaire pour un site donné et proposent une pondération fixe. Cai et al, dans [Cai 2004b] (que nous décrivons dans la section 2.5), utilisent le calcul d'importance suivant :

$$f_p(b) = \alpha \times \frac{Size(b)}{distance(center(b), center(p))} \quad (2.6)$$

où :

- $f_p(b)$ est la fonction d'importance du bloc b dans la page p,
- α est un facteur de normalisation permettant d'avoir : $\sum_{b \in p} f_p(b) = 1$,
- $center(p)$ est une fonction qui indique le centre de la page p,
- $center(b)$ est une fonction qui indique le centre du bloc b.

Les auteurs de [Fernandes 2007] proposent de calculer l'importance des blocs en s'appuyant non pas sur le rendu visuel d'un bloc mais sur les fréquences d'occurrence des termes. Ils considèrent que les sites web possèdent des ensembles de pages structurées de manière équivalente, du fait qu'elles sont générées automatiquement ou à partir de modèles de pages fixes. Un ensemble de pages équivalentes est appelé *classe de pages*. Ils utilisent l'algorithme de segmentation

VIPS [Cai 2003] pour extraire un ensemble de blocs ne se chevauchant pas et étiquetés par leur chemin XPath dans l'arbre DOM. Les classes de blocs regroupent les blocs de même étiquette de pages différentes mais appartenant à la même classe de page. Afin de calculer l'importance de ces blocs, ils ont étendu le modèle vectoriel, en introduisant le facteur de fréquence de classe inverse (icf) d'un terme, par analogie au facteur idf, considérant une classe de blocs comme une collection de documents. L'idée principale est de mesurer la quantité d'information que porte l'occurrence d'un terme dans une classe de blocs. L'icf est alors utilisé pour calculer la fréquence de classe inverse moyenne ($aicf$) de bloc. Ils introduisent aussi un autre facteur, nommé *diffusion d'une classe de blocs* qui mesure combien un bloc au sein d'une classe est corrélé aux autres blocs de la page. L'intuition est que plus un terme apparaît dans un grand nombre de blocs d'une page, plus il est en corrélation avec le sujet principal de cette page. L'importance d'une classe de blocs est finalement donnée par le produit du $aicf$ et de la diffusion de cette classe.

2.4.3 Classification des blocs d'une page Web

Pour évaluer l'importance des blocs, on peut aussi s'appuyer sur une classification de ces blocs, en attribuant un coefficient d'importance à chaque classe. Les auteurs de [Lee 2004] proposent une méthode de classification de blocs en plusieurs catégories (titre, contenu principal, liens de navigation, liens relatifs à l'article...). Cette approche est basée sur un apprentissage croisé entre les caractéristiques lexicales et stylistiques des pages Web. Pour cela, ils ont défini leur propre algorithme de segmentation de page basé sur les types des nœuds de l'arbre DOM. Ensuite, pour chaque bloc, les caractéristiques lexicales bas niveau (fréquences d'apparition des termes) et haut niveau (balisage et liens hypertextes) sont prises en compte ainsi que les caractéristiques stylistiques telles que les structure linéaires, les structures de tables, les structures XHTML et CSS, les caractéristiques des polices et les images.

Les auteurs de [Chaudhuri 2006] proposent de combiner les informations visuelles utilisées dans VIPS avec des informations sémantiques provenant du contenu textuel des blocs, afin de créer une nouvelle hiérarchie de blocs, non plus structurelle ou visuelle, mais sémantique, au sein de laquelle chaque bloc n'appartient qu'à une et une seule classe. Leur méthode permet de regrouper de manière thématique plusieurs blocs visuellement et/ou structurellement éloignés, mais sémantiquement proches, dans une page contenant plusieurs sujets. De plus leur méthode permet d'éliminer les blocs non informatifs.

2.5 Indexation d'images par le contenu textuel avoisinant

Sur le Web, plusieurs approches consistent à essayer de réduire le fossé sémantique entre les caractéristiques bas niveau d'une image et l'interprétation sémantique du contenu d'une image, en cherchant le texte qui correspond le mieux à une image dans une page Web.

Les auteurs de [Cai 2004a] proposent une méthode de classification des résultats d'une recherche d'image sur le Web qui est basée sur l'analyse du texte, des liens et du rendu visuel de la page. Une page Web est segmentée en blocs par application de l'algorithme VIPS. Trois types de relations sont considérées :

- *bloc-vers-page* qui est obtenue à partir de l'analyse des liens,

- *page-vers-bloc* qui est obtenue à partir de l'analyse de la disposition de la page (layout),

- *bloc-vers-image* qui est une relation d'inclusion.

Un graphe d'images est construit à partir de ces trois relations, permettant ensuite la classification des images.

Dans cette méthode, l'image possède trois types de représentation possibles :

- *représentation basée sur les caractéristiques visuelles*,

- *représentation basée sur les caractéristiques textuelles* : le texte environnant l'image dans le bloc, ainsi que le nom de l'image, l'URL, la balise `ALT` et le titre de la page contenant l'image sont utilisés pour la représentation textuelle. De plus, ces textes sont aussi utilisés pour l'indexation de l'image,

- *représentation basée sur les graphes de liens* : les relations *bloc-vers-page*, *page-vers-bloc*, *bloc-vers-image* sont déterminées et modélisées par 3 matrices.

Rappelons que dans cette méthode, l'importance d'un bloc b d'une page p est définie par la fonction f suivante :

$$f_p(b) = \alpha \frac{\text{taille du bloc } b \text{ dans la page } p}{\text{distance du centre de } b \text{ au centre de l'écran}}$$

où α est un facteur de normalisation calculé pour que la somme de $f_p(b)$ soit égale à 1.

Les auteurs de [Shen 2000] proposent un modèle d'indexation d'images appelé *Weight ChainNet*. Ce modèle prend en compte le texte environnant les images

2.5. INDEXATION D'IMAGES PAR LE CONTENU TEXTUEL AVOISINANT

d'une page Web. Ce texte est utilisé pour extraire le contenu sémantique de ces images, comme par exemple les objets qui y sont présents, l'action, le lieu, etc. Les auteurs partent du postulat que considérer tout le texte qui accompagne une image risque de générer du bruit car le texte peut contenir des informations qui ne se rapportent pas à l'image. De plus, certaines portions du texte fournissent plus d'informations sémantiques que d'autres, comme la légende de l'image, le titre de l'image, le titre du document. Ainsi, le modèle *Weight ChainNet* est basé sur le découpage du texte environnant en « chaînes lexicales ». Il permet de prendre en compte des portions informatives de ce texte relativement aux images, tout en les pondérant en fonction de leur degré de pertinence par rapport à l'indexation de l'image.

Dans ce modèle, une chaîne lexicale est une séquence de mots sémantiquement corrélés dans un texte. Les types de chaînes lexicales sont les suivantes : TLC (*Title Lexical Chain*), ALC (*Alt Lexical Chain*), PLC (*Page Lexical Chain*), CLC (*Caption Lexical Chain*) qui est elle même découpée en SLC (*Sentence Lexical Chain*) et RSLC (*Reconstructed Sentence Lexical Chain*). Le modèle *Weight ChainNet* repose sur ces 6 types de chaînes lexicales. Chaque chaîne capture une portion de la sémantique du sujet principal d'une image. L'apport de chacune de ces chaines est pondéré.

Des tests ont été effectués sur une base de 5000 images. Ces images ont été extraites par un crawler, accompagnées du titre et de l'URL de la page, ainsi que du titre, de l'URL, du ALT et de la légende de chaque image. Ces tests (sur l'impact unitaire de chaque chaîne) ont permis de déterminer que les 6 chaînes sont complémentaires. En effet, les chaînes PLC, TLC, ALC, RSLC permettent une bonne précision, mais ont un faible rappel contrairement aux chaînes SLC et CLC, qui ont un bon rappel mais une faible précision. Ils ont aussi permis de pondérer l'apport de chaque chaîne dans l'indexation d'une image. Ces poids sont les suivants : SLC(1), TLC(0,8), ALC(0,6), PLC(0,6), RSLC(0,5), CLC(0,2).

2.6 Conclusion

Le modèle BlockWeb, qui est l'objet de cette thèse, est au croisement deux grands domaines : la recherche d'information et l'extraction de la structure (logique ou visuelle) d'une page Web. Parmi les nombreux modèles et méthodes développés dans ces deux domaines, nous avons présenté dans ce chapitre ceux sur lesquels nous nous sommes appuyés pour concevoir le modèle BlockWeb.

Nous avons présenté les modèles les plus classiques de recherche d'information : le modèle booléen, le modèle probabiliste et le modèle vectoriel. Ce dernier est celui que nous utiliserons dans le modèle BlockWeb car il se prête bien à la propagation des index au travers de la hiérarchie des blocs d'une page.

Nous avons évoqué les travaux menés en recherche d'information dans des documents semi-structurés (XML principalement) et plus particulièrement les langages de requêtes développés dans ce cadre. Ces langages pourront être utilisés pour interroger des pages décomposées en blocs visuels, évitant d'en créer de spécifiques. En effet, que la segmentation d'un document s'appuie sur sa structure logique ou sur son rendu visuel, le même type de langage peut-être utilisé pour les interroger.

Nous nous sommes intéressés aux méthodes de segmentation de pages Web en blocs. La plus intéressante d'entre elles et la plus utilisée est l'algorithme de segmentation VIPS, qui permet d'extraire la structure visuelle d'une page Web.

Nous l'utiliserons dans le cas où les pages du corpus considérées ne sont pas construites selon un schéma régulier.

Nous avons présenté différentes méthodes visant à déterminer l'importance des blocs au sein d'une page Web. L'intérêt de déterminer cette importance est multiple. Une des originalité du modèle BlockWeb est de s'en servir pour renforcer ou atténuer le poids des termes indexant un bloc.

Enfin, nous avons présenté un certain nombre de travaux sur la recherche d'images dans des pages Web, à partir des textes avoisinant ces images. Ces travaux nous ont confirmé que le contenu textuel d'une page Web permet d'améliorer l'indexation des images contenues dans cette page, d'où l'intérêt du concept de perméabilité, introduit dans le modèle BlockWeb, qui permet notamment d'indexer une image par une combinaison des index des blocs textuels qui l'entourent.

Chapitre 3

Le modèle BlockWeb

Sommaire

3.1	Motivations		**47**
3.2	Le modèle BlockWeb		**51**
	3.2.1	Structuration des pages en arbres de blocs	51
	3.2.2	Identifiant et contenu d'un bloc	53
	3.2.3	Importance d'un bloc	53
	3.2.4	Perméabilité	55
	3.2.5	Graphe IP	55
	3.2.6	Indexation et interrogation de blocs	56
3.3	Propriétés de l'indexation par propagation		**61**
3.4	Modélisation d'une page Web		**67**
	3.4.1	Construction de l'arbre de blocs	68
	3.4.2	Évaluation de l'importance	68
	3.4.3	Perméabilité	69
3.5	Conclusion		**71**

3.1 Motivations

En recherche d'information sur le Web, les pages ont longtemps été considérées comme des unités sémantiques minimales. Or une même page Web peut contenir des informations de nature très différentes. Ces différentes informations sont généralement regroupées visuellement dans la page. L'utilisateur, lorsqu'il recherche

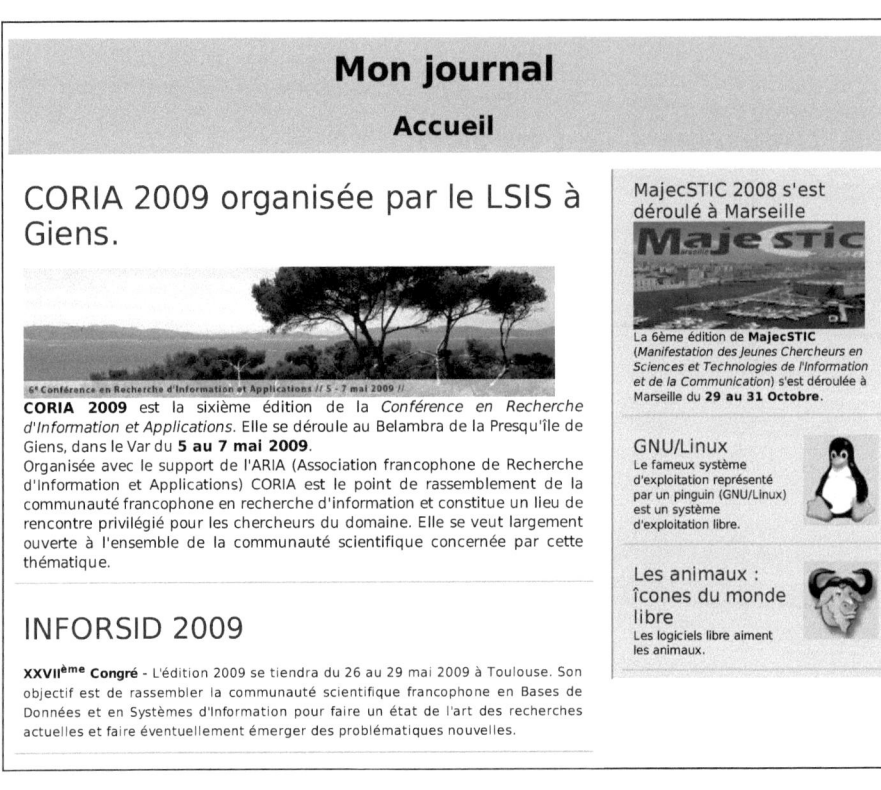

FIGURE 3.1 – Une page HTML

une information, attend du système que ce dernier lui renvoie les parties des pages les plus pertinentes par rapport à sa requête et non les pages entières, car ceci l'obligerait à parcourir visuellement ces pages pour localiser lui-même ces parties pertinentes. C'est pourquoi nous pensons qu'il est indispensable de décomposer les pages Web dans lesquelles l'information est recherchée en unités plus fines que nous appelons *blocs*. De plus, nous proposons que ces blocs soient déterminés par rapport à la perception visuelle qu'a l'utilisateur d'une page. Nous proposons donc de représenter une page Web comme une hiérarchie de blocs visuels.

Par exemple, si l'on observe la page d'accueil du journal de la figure 3.1, on peut constater que la page comporte une colonne d'articles à gauche, et de dépêches à droite. Si un utilisateur recherche des informations sur la conférence CORIA, le système devrait lui renvoyer le premier article car il parle de CORIA. Si par contre, il recherche des informations sur les conférences traitant de l'information en général, le système devrait lui renvoyer la page entière, car elle est pratiquement tout entière consacrée à ces conférences.

Parmi les blocs d'une page, tous n'ont pas la même importance pour l'utilisateur dans le cadre de la recherche d'information. C'est par exemple le cas des bandeaux de navigation, des formulaires, de la publicité, ainsi que des liens vers d'autres pages, qui ont une faible importance comparée au contenu principal de la page. Ces blocs génèrent souvent du bruit dans le contexte de la recherche d'information. Lors de la consultation d'une page, l'utilisateur identifie ces blocs de manière intuitive par perception visuelle et distingue les blocs informatifs des blocs bruités. De plus, parmi les blocs informatifs, tous n'ont pas non plus la même importance pour l'utilisateur. Dans notre exemple, on peut constater que la colonne de gauche contenant les articles est visuellement beaucoup plus importante que la colonne de droite, qui contient les dépêches. De même le premier article, qui traite de la conférence CORIA, est affiché avec une police plus grosse que le second article et occupe aussi plus d'espace. Nous proposons donc de prendre en compte l'importance des blocs, que nous déterminerons sur la base de leurs attributs visuels, comme par exemple l'espace qu'ils occupent au sein de la page ou bien la taille de fonte utilisée par le texte contenu dans ces blocs.

Enfin, on peut aussi observer l'influence de deux blocs spatialement proches. Un utilisateur lisant les journaux électroniques, qui est attiré par un scoop est

CHAPITRE 3. LE MODÈLE BLOCKWEB

à même de lire la dépêche suivante qui est un bloc voisin. C'est pourquoi, nous introduisons le concept de perméabilité : nous faisons l'hypothèse qu'il existe une *perméabilité* entre les contenus de deux blocs proches l'un de l'autre dans la page affichée. Prendre en compte la *perméabilité* lors de la pondération (à des fins d'indexation) de deux blocs voisins permet une indexation et une interrogation des blocs plus riche. Par exemple, une recherche d'information sur les conférences CORIA et INFORSID devrait renvoyer la colonne de gauche, sachant que par perméabilité, le bloc parent (originalement vide) hérite des termes indexant ses blocs fils. L'annotation d'image est une autre application de la perméabilité. Une image sans annotation peut raisonnablement être indexée par les termes de ses blocs voisins : la photo, prise depuis la presqu'île de Giens, avec le bandeau de CORIA est indexée par les termes : « *coria* » et « *giens* » qui sont contenus dans le texte de l'article contenant cette photo.

Nous modélisons donc l'ensemble des blocs d'une page comme un graphe dont les nœuds sont les blocs de cette page et où il existe un arc direct d'un nœud b_1 vers un nœud b_2, étiqueté par la valeur de cette perméabilité comprise entre 0 et 1, si b_2 est perméable à b_1. Une perméabilité de valeur 1 peut être interprétée de la manière suivante : « un terme indexant le bloc source est un terme indexant le bloc cible ». Deux blocs éloignés dans le rendu de la page ne devraient pas être perméables l'un à l'autre. Enfin, certains blocs n'ont pas de contenu textuel qui leur est propre. C'est, par exemple, le cas des blocs multimédias, tel que les images ou encore les vidéos. Ce problème se rencontre aussi lorsque l'on s'intéresse à la recherche d'information dans des document semi-structurés tels que les documents XML : il est fréquent que les blocs intermédiaires de la hiérarchie n'aient pas de contenu textuel.

Le modèle vectoriel de recherche d'information s'avère particulièrement adapté à l'indexation et à l'interrogation des blocs, notamment parce que la propagation des index entre les blocs induite par la perméabilité peut être traité par deux opérations simples : la multiplication d'un vecteur par un scalaire et l'addition de vecteurs.

3.2 Le modèle BlockWeb

3.2.1 Structuration des pages en arbres de blocs

Nous choisissons de représenter par un arbre l'information contenue dans une page Web. La représentation arborescente est appropriée pour représenter la décomposition d'information textuelle en séquences de textes plus élémentaires. En d'autres termes, l'information contenue dans un bloc b est représentable par l'inclusion hiérarchique de blocs plus élémentaires $b_1, b_2, ..., b_n$. On dit alors que b inclut ou contient b_i, $i = 1, ..., n$. La représentation en arbre d'un bloc non feuille b est noté $T(b)$: l'arbre de blocs de b. Les pages sont les blocs les plus larges : elles ne sont pas incluses dans un autre bloc. La figure 3.2 représente l'arbre de blocs de la page de la figure 3.1. Les informations contenues dans les blocs peuvent être d'un des deux types suivants : texte ou image (qui est un raccourci pour différents types de médias : graphiques, image, vidéo, son...). Alors que les textes peuvent être décomposés en sous-textes, une image est atomique : un bloc représentant une image ne peut pas être décomposé. La représentation d'une page inclut des informations sur le rendu de la page. Chaque bloc est représenté dans la page par un rectangle minimal autour de son contenu.

L'arbre $T(b)$ induit un arbre $TL(b)$ de rectangles minimaux (mbb) homomorphe à $T(b)$. Soit b' un bloc dans $T(b)$. Soit b' possède comme attribut de son

CHAPITRE 3. LE MODÈLE BLOCKWEB

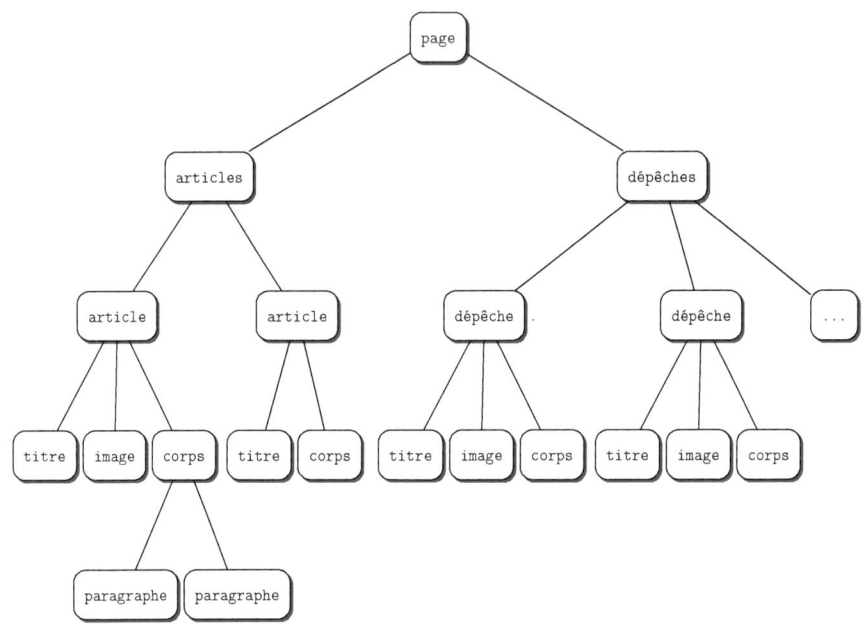

FIGURE 3.2 – L'arbre de blocs de la page de la figure 3.1

rendu visuel un rectangle minimal l'entourant ($mbb(b')$), soit $mbb(b')$ est calculé comme le mbb de ses enfants.

$T(b)$ est dit valide si pour n'importe quels bloc b_1 et b_2 dans $T(b)$ si (i) b_1 est un ancêtre de b_2 dans $T(b)$ alors $mbb(b_1)$ inclut $mbb(b_2)$, sinon (ii) $mbb(b_1) \cap mbb(b_2) = \emptyset$ (b_1 et b_2 n'ont pas de relation ancêtre/descendant).

Nous appelons *vue* d'une page $V(p)$ l'ensemble des feuilles de $T(p)$. Puisqu'il existe plusieurs décompositions d'une page en arbre, il existe aussi plusieurs décomposition d'une page en vue. Une vue est définie de la façon suivante :

1. Une page est une vue.

2. Soit $\{b_1, b_2, ..., b_n\}$ une vue et $\{b_{i1}, ..., b_{ij}, ..., b_{ip}\}$ un ensemble de blocs contenus dans b_i, alors $\{b_1, ..., b_{i-1}, b_{i1}, ..., b_{ij}, ..., b_{ip}, b_{i+1}, ..., b_n\}$ est une vue.

Une base de données DB de pages Web est une forêt d'arbres ayant pour racine les pages de cette base.

3.2.2 Identifiant et contenu d'un bloc

Un bloc possède un *identifiant* et un *contenu*. Comme identifiant d'un bloc, on peut choisir, par exemple, une expression *XPath* dont le préfixe est une *URL* (*URI*) qui permet d'atteindre le représentation HTML de la page contenant ce bloc et le suffixe permet d'identifier la racine de ce bloc à l'intérieur de cette page. Soit b l'identifiant d'un bloc, V le vocabulaire des termes (obtenu après pré-traitement de tous les textes contenus dans les blocs de la base de données : élimination des mots vides, racinisation, etc). Le contenu d'un bloc b, noté $C(b)$ est défini comme suit :

1. si b est une feuille de type texte, alors $C(b) = t_b$, où t_b est un sac de termes de V dans b ;

2. si b est une feuille de type image, alors $C(b) = i_b$, où i_b est un sac de termes de V indexant b ou $i_b = \emptyset$, selon que l'image ait été indexée avant l'inclusion des blocs dans la base de données ou non ;

3. si b n'est pas une feuille, alors son contenu est un sac vide : $C(b) = \emptyset$.

3.2.3 Importance d'un bloc

Définition 1. *L'importance d'un bloc au sein d'un ensemble de blocs traduit sa part dans le contenu sémantique de cet ensemble.*

Nous définissons une fonction d'importance $\alpha : B \to \mathbb{R}+$ où B est l'ensemble des blocs d'une page. L'importance d'un bloc b est donc $\alpha(b)$. Nous choisissons de calculer $\alpha(b)$ en fonction des caractéristiques visuelles de b, indépendamment de son contenu.

Plusieurs modèles d'importance peuvent être définis. Nous en avons retenu deux, selon que le contexte est l'arbre de blocs d'une page ou la vue de cette page.

Importance dans le contexte de l'arbre des blocs

L'importance d'un bloc est relative à l'importance de ses blocs frères dans l'arbre. Soit $b_1, ..., b_n$ l'ensemble des blocs ayant pour parent un même bloc, l'importance de ces blocs doit satisfaire la condition $\sum_{i=1}^{n} \alpha(b_i) = n$.

Importance dans le contexte de la vue

Modéliser l'importance dans le contexte de la vue permet de représenter l'importance d'un bloc en fonction de tous les autres blocs de la vue, contrairement au modèle précédent qui restreint la portée de l'importance d'un bloc à ses frères. Dans ce modèle, l'importance des blocs n'appartenant pas à la vue est indéfinie. Soit α_{bl} l'importance d'un bloc dans le contexte de l'arbre des blocs. Soit b un bloc dans la vue dont l'identifiant est un chemin à travers les blocs $b'_1, b'_2, ..., b$. Son importance dans le contexte de la vue est $\alpha(b) = \alpha_{bl}(b'_1) \times \alpha_{bl}(b'_2) ... \times \alpha_{bl}(b)$. L'importance des blocs d'une vue doit satisfaire $\sum_{i=1}^{m} \alpha(b_i) = m$ où m est le nombre de blocs de la vue.

3.2.4 Perméabilité

Définition 2. *La perméabilité d'un bloc b au contenu d'un bloc b' traduit la part du contenu de b' venant enrichir le contenu de b.*

Nous définissons la perméabilité comme une relation binaire irréflexive, antisymétrique et transitive :

- un bloc n'est pas perméable à lui même,

- si un bloc b est perméable à un bloc b', alors b' n'est pas perméable à b,

- si un bloc b est perméable à un bloc b', lui-même perméable à un bloc b'', alors b est perméable à b''.

Afin de prendre en compte des perméabilités partielles entre blocs, nous définissons une fonction de perméabilité : $\beta : B \times B \to [0, 1]$, où B est l'ensemble des blocs d'une page. Soit b et b' deux blocs d'une même page, $\beta(b, b') = r$ signifie que b' est perméable à la part r du contenu de b. Si $r = 0$, b' est imperméable à b. Si $r = 1$, b' est totalement perméable à b.

3.2.5 Graphe IP

L'importance des blocs d'une page p et la perméabilité entre ces blocs sont représentées par le graphe IP de cette page. Le graphe IP d'une page p est noté $IP(p)$. Les nœuds de $IP(p)$ sont ceux de $T(p)$ (l'arbre des blocs de p). Chaque nœud b est étiqueté par son importance $\alpha(b)$ et il existe un arc de ce nœud vers un nœud b' étiqueté par $\beta(b, b')$ si $\beta(b, b') > 0$ (c'est-à-dire si b' n'est pas imperméable à b). Le graphe IP ne prend en compte que les arcs correspondant à des relations

CHAPITRE 3. LE MODÈLE BLOCKWEB

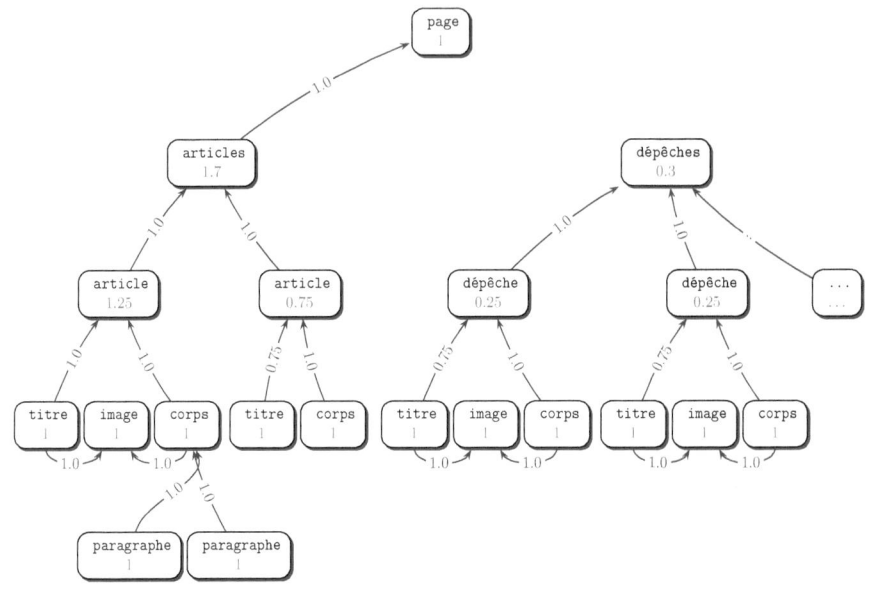

FIGURE 3.3 – Un graphe IP de la page de la figure 3.1

de perméabilité non déductibles par transitivité. Les propriétés d'irréflexivité et d'antisymétrie de la relation de perméabilité impliquent que le graphe IP d'une page est un graphe acyclique orienté (DAG). La figure 3.3 représente un graphe IP de la page de la figure 3.1.

3.2.6 Indexation et interrogation de blocs

Indexation des blocs

L'index d'un bloc b est un vecteur $(w(b,t_1), \ldots, w(b,t_N))$ où N est la cardinalité de V et $w(b,t_i)$ est le poids du terme t_i de V dans l'index de b.

Les blocs sont indexés en fonction de leur contenu textuel et de leur importance, mais aussi en fonction des index de leurs prédécesseurs dans le graphe IP. Ainsi, nous avons étendu le modèle vectoriel classique [Salton 1975] pour l'adapter à la notion d'importance et de perméabilité.

Soit une page p :

1. L'index *local* d'un bloc de contenu vide est le vecteur nul.

2. L'index *local* d'un bloc de contenu non vide b dans p est le vecteur $\vec{bl}$ dont le poids du terme t_i est le produit $tf(t_i, b) \times idf(t_i)$ où $tf(t_i, b)$ est fonction du nombre d'occurrences du terme t_i dans le bloc b et $idf(t_i)$ est fonction du nombre de pages dans lesquelles apparaît le terme t_i.

3. L'index d'un bloc b dans p est le vecteur

$$\vec{b} = \alpha(b)(\vec{bl} + \sum_{k=1}^{m} \beta(b_k, b) \vec{b_k}) \quad (3.1)$$

où :

- $\alpha(b)$ est l'importance de b,
- $\vec{bl}$ est l'index local de b,
- $\vec{b_1}, \ldots, \vec{b_m}$ sont les index des m prédécesseurs de b dans $IP(p)$,
- $\beta(b_k, b)$ est la perméabilité du bloc b au contenu du bloc b_k.

L'équation (3.1) montre que pour produire l'index d'un bloc, son index local est renforcé par l'héritage des index de ses prédécesseurs et pondéré par son importance. Le fait de mettre $\alpha(b)$ en facteur permet de propager l'importance des blocs vers leurs successeurs dans le graphe IP.

CHAPITRE 3. LE MODÈLE BLOCKWEB

Nous aurions pu définir différemment l'index d'un bloc en choisissant l'équation suivante :

$$\vec{b} = \alpha(b) \times \vec{bl} + \sum_{k=1}^{m} (\beta(b_k, b) \times \vec{bl_k}) \qquad (3.2)$$

L'équation 3.2 n'est pas pertinente pour l'interprétation que nous souhaitons : l'importance des blocs non feuille n'est pas prise en compte, car l'index local d'un tel bloc est vide, et donc seule l'importance des blocs feuille impacterait le poids des blocs non feuille. Toutefois, l'équation 3.2 peut s'avérer pertinente dans certaines applications.

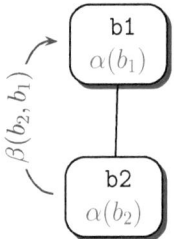

FIGURE 3.4 – Le graphe IP d'une page composée de deux blocs

Pour illustrer ceci, prenons l'exemple d'une page très simple, composée d'un bloc b_1 qui contient un bloc b_2 (voir la figure 3.4). Le bloc b_1, étant non feuille, a un contenu vide. Le graphe IP de cette page est décrit dans la figure 3.4. En se basant sur l'équation 3.1, nous avons : $\vec{b_1} = \alpha(b_1) \times \beta(b_2, b_1) \times \alpha(b_2) \times \vec{bl_2}$. En d'autres termes, l'index hérité n'est pas seulement renforcé par l'importance du bloc cible, mais aussi par l'importance du bloc source. Alors qu'avec l'équation 3.2, seule l'importance du bloc source renforce l'index hérité : $\vec{b_1} = \beta(b_2, b_1) \times \alpha(b_2) \times \vec{bl_2}$.

Les index de tous les blocs d'une page peuvent être calculés par une formule matricielle que nous allons maintenant établir. Nous appuyant sur le fait que le graphe IP est un graphe acyclique orienté (voir section 3.2.5), nous supposons que les n blocs d'une page sont numérotés de 1 à n selon l'ordre topologique inverse sur le graphe IP de cette page. Nous posons $\alpha_i = \alpha(b_i)$ et $\beta_{i,j} = \beta(b_i, b_j)$. Par définition du tri topologique d'un graphe acyclique orienté, on a : $\beta_{i,j} = 0$ si $i \leq j$.

À partir de l'équation (3.1), nous dérivons successivement les deux systèmes d'équations suivant :

$$\begin{cases} \vec{b_1} = \alpha_1 \vec{bl_1} + \alpha_1 \beta_{2,1} \vec{b_2} + \ldots + \alpha_1 \beta_{k,1} \vec{b_k} + \ldots + \alpha_1 \beta_{n,1} \vec{b_n} \\ \vec{b_2} = \alpha_2 \vec{bl_2} + \ldots + \alpha_2 \beta_{k,2} \vec{b_k} + \ldots + \alpha_2 \beta_{n,2} \vec{b_n} \\ \ldots \\ \vec{b_k} = \alpha_k \vec{bl_k} + \ldots + \alpha_k \beta_{n,k} \vec{b_k} \\ \ldots \\ \vec{b_n} = \alpha_n \vec{bl_n} \end{cases} \quad (3.3)$$

$$\begin{cases} \alpha_1 \vec{bl_1} = \vec{b_1} - \alpha_1 \beta_{2,1} \vec{b_2} - \ldots - \alpha_1 \beta_{k,1} \vec{b_k} - \ldots - \alpha_1 \beta_{n,1} \vec{b_n} \\ \alpha_2 \vec{bl_2} = \vec{b_2} - \ldots - \alpha_2 \beta_{k,2} \vec{b_k} - \ldots - \alpha_2 \beta_{n,2} \vec{b_n} \\ \ldots \\ \alpha_k \vec{bl_k} = \vec{b_k} - \ldots - \alpha_k \beta_{n,k} \vec{b_k} \\ \ldots \\ \alpha_n \vec{bl_n} = \vec{b_n} \end{cases} \quad (3.4)$$

Soit W la matrice colonne des index des blocs de la page, c'est-à-dire dont l'élément $(j, 1)$ est l'index du bloc b_j. Le système d'équation (3.4) peut être mis sous forme matricielle $A \times W = K$ où :

CHAPITRE 3. LE MODÈLE BLOCKWEB

$$A = \begin{pmatrix} 1 & -\alpha_1\beta_{2,1} & \ldots & -\alpha_1\beta_{k,1} & \ldots & -\alpha_1\beta_{n,1} \\ 0 & 1 & \ldots & -\alpha_2\beta_{k,2} & \ldots & -\alpha_2\beta_{n,2} \\ \ldots & \ldots & \ldots & \ldots & \ldots & \ldots \\ 0 & 0 & \ldots & 1 & \ldots & -\alpha_k\beta_{n,k} \\ \ldots & \ldots & \ldots & \ldots & \ldots & \ldots \\ 0 & 0 & \ldots & 0 & \ldots & 1 \end{pmatrix}$$

et :

$$K = \begin{pmatrix} \alpha_1 bl_1 \\ \alpha_2 bl_2 \\ \ldots \\ \alpha_k bl_k \\ \ldots \\ \alpha_n bl_n \end{pmatrix}$$

Soit :

- n le nombre de blocs d'une page p

- I la matrice identité $n \times n$

- $ALPHA$ la matrice diagonale de dimension $n \times n$ où l'élément diagonal (j, j) est égal à α_j

- $BETA$ la matrice $n \times n$ dont l'élément (k, j) est soit $\beta_{k,j}$ (s'il existe un arc de b_k vers b_j dans $IP(p)$), soit zéro

- WL la matrice colonne $n \times 1$ dont l'élément $(j, 1)$ est l'index local du bloc b_j

- W la matrice colonne $n \times 1$ dont l'élément $(j, 1)$ est l'index du bloc b_j

On a : $A = (I - ALPHA \times BETA^t)$ et $K = ALPHA \times WL$, et donc :

$$(I - ALPHA \times BETA^t) \times W = ALPHA \times WL \qquad (3.5)$$

On en déduit :

$$W = (I - ALPHA \times BETA^t)^{-1} \times ALPHA \times WL \qquad (3.6)$$

L'équation 3.6 permet de calculer l'index de chaque bloc d'une page, comme une fonction de son index local, de son importance et des index de ses prédécesseurs dans le graphe de perméabilité. On peut constater que la matrice $(I - ALPHA \times BETA^t)$ est une matrice triangulaire supérieure. Son déterminant est donc non nul. $(I - ALPHA \times BETA^t)$ est donc inversible. L'équation 3.6 admet donc une solution unique.

Indexation de requêtes et interrogation

Une requête q est aussi un vecteur $\vec{q} = (w(q, t_1), \ldots, w(q, t_n))$ dont les termes sont pondérés avec $w(q, t) = idf(t)$, si q comporte le terme t, 0 sinon. La réponse à une requête est l'ensemble des blocs les plus similaires à cette requête. La similarité entre un bloc b et une requête q est le cosinus de l'angle des vecteurs $\vec{b}$ et $\vec{q}$:

$$sim(b, q) = \frac{\vec{b} \cdot \vec{q}}{\| \vec{b} \| \times \| \vec{q} \|} \qquad (3.7)$$

3.3 Propriétés de l'indexation par propagation

Rappelons tout d'abord que, par définition du modèle BlockWeb, seules les feuilles de type texte dans l'arbre des blocs ont un contenu non vide. L'index d'un bloc non feuille est obtenu par héritage des index des blocs auxquels il est perméable, donc de ses blocs prédécesseurs dans le graphe IP. Ces prédécesseurs dans le graphe IP

CHAPITRE 3. LE MODÈLE BLOCKWEB

peuvent correspondre à ses fils dans l'arbre de bloc, dans le cas où l'on défini une stratégie de perméabilité hiérarchique (nous nommons cette stratégie *indexation par héritage hiérarchique*). Cette stratégie implique que tout bloc non feuille est perméable à ses blocs fils. Ainsi le graphe IP d'une page est « calqué » sur la structure d'arbre de blocs de cette page. Nous décrivons comment modéliser des pages Web en fonction de cette stratégie, qui est la plus intuitive, dans la section suivante (3.4). Nous dirons qu'un bloc b' est plus spécifique qu'un bloc b si b' est un prédécesseur de b dans l'arbre de blocs.

La propriété du meilleur point d'entrée est la conséquence de l'utilisation de la similarité cosinus, comme nous l'avons vu dans la section 3.2.6. En effet, la similarité cosinus s'exprime en calculant le produit scalaire de deux vecteurs, normalisé par la norme de ces vecteurs. Il en découle la propriété suivante : soit deux blocs b_1 et b_2 et une requête q, tels que $\vec{b_1} \cdot \vec{q} = \vec{b_2} \cdot \vec{q}$, $sim(b_1, q) \leq sim(b_2, q)$ si $\| \vec{b_1} \| \geq \| \vec{b_2} \|$.

La propriété d'héritage de l'importance est, quant à elle, la conséquence de notre choix de contraindre la somme de l'importance des n blocs fils d'un bloc d'être égale à n : au plus l'importance d'un bloc fils augmente, au plus l'importance de ses frères décroit.

Dans la suite, nous donnons une preuve de ces deux propriétés dans un cas particulier. Nous considérons une page très simple composée de trois bloc : un blocs b qui contient deux blocs b_1 et b_2.

Le graphe IP de cette page est donné sur la figure 3.5. Il correspond à une perméabilité hiérarchique.

3.3. PROPRIÉTÉS DE L'INDEXATION PAR PROPAGATION

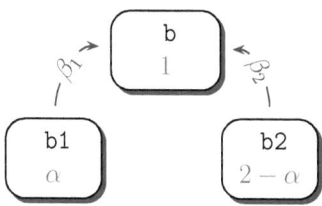

FIGURE 3.5 – Le graphe IP d'une page composée de trois blocs

Notons que le bloc b à une importance de valeur 1 car c'est le seul bloc à son niveau (c'est-à-dire qu'il n'a pas de bloc frère). De plus, nous supposons que :

- le contenu de b est vide et le contenu de b_1 est disjoint de celui de b_2 (par exemple : $contenu(b_1) = \{ARIA, CORIA, Giens\}$ et $contenu(b_2) = \{INFORSID, Toulouse\}$) ;

- une requête q est posée, telle que les termes de q soient contenus dans b_1 mais pas dans b_2 (il est toutefois possible de généraliser la preuve dans le cas où l'intersection du contenu de b_1 et du contenu de q est disjoint du contenu de b_2) (par exemple : $q = \{CORIA, Giens\}$).

Propriété 1. La similarité entre le bloc b et la requête q ($sim(b,q)$) augmente avec l'importance α du bloc b_1.

On a (équation 3.7)

$$sim(b,q) = \frac{\vec{b} \cdot \vec{q}}{\parallel \vec{b} \parallel \cdot \parallel \vec{q} \parallel} = \frac{(\alpha\beta_1 \vec{bl_1} + (2-\alpha)\beta_2 \vec{bl_2}) \cdot \vec{q}}{\parallel \alpha\beta_1 \vec{bl_1} + (2-\alpha)\beta_2 \vec{bl_2} \parallel \cdot \parallel \vec{q} \parallel}$$

63

Nous pouvons remarquer que $\vec{bl_1}$ et $\vec{q}$ sont orthogonaux à $\vec{bl_2}$ car (i) le contenu de b_1 et le contenu b_2 sont disjoints, (ii) le contenu de q (l'ensemble des termes de q) n'a pas d'intersection avec le contenu de b_2. Alors, $\vec{bl_2} \cdot \vec{q} = 0$ et $\| \vec{b} \|^2 = (\|\alpha\ \beta_1\ \vec{bl_1}\ \|)^2 + ((2-\alpha)\ \beta_2\| \vec{bl_2}\ \|)^2$. Soit P le produit scalaire de $\vec{b_1}$ et de $\vec{q}$ et L_q, L_1, L_2 les normes respectives de $\vec{q}$, $\vec{bl_1}$ et $\vec{bl_2}$.

Nous avons alors :

$$sim(b,q) = \frac{P\alpha\beta_1}{L_q\sqrt{(L_1\alpha\beta_1)^2 + (L_2(2-\alpha)\beta_2)^2}} \quad (3.8)$$

Étant donné que P, β_1, β_2, L_q, L_1 et L_2 sont des nombres réels positifs (b_1, b_2 et q n'étant pas vide) qui ne dépendent pas de α, il est facile de montrer que $sim(b,q)$ est une fonction croissante de α dans l'intervalle $[0, 2]$. Elle croit de 0 à $\frac{P}{L_1 L_q}$ quand α varie entre 0 et 2.

Corollaire : propriété d'héritage de l'importance. Plus le bloc b_1 est important, plus son contenu contribue à l'indexation du bloc b qui le contient.

Par exemple, dans le cas où $\beta_1 = \beta_2 = 1$, $V = \{t_1 = CORIA, t_2 = ARIA, t_3 = INFORSID, t_4 = Giens, t_5 = Toulouse\}$, et le bloc b_1 est indexé par $CORIA$, $ARIA$ et $Giens$, le bloc b_2 est indexé par $INFORSID$ et $Toulouse$, et la requête q est « CORIA Giens ». Nous avons $\vec{bl_1} = (1,1,0,1,0)$, $\vec{bl_2} = (0,0,1,0,1)$, $\vec{q} = (1,0,0,1,0)$ et le graphe de la fonction de similarité $sim(b,q)$ est le suivant (figure 3.6) :

3.3. PROPRIÉTÉS DE L'INDEXATION PAR PROPAGATION

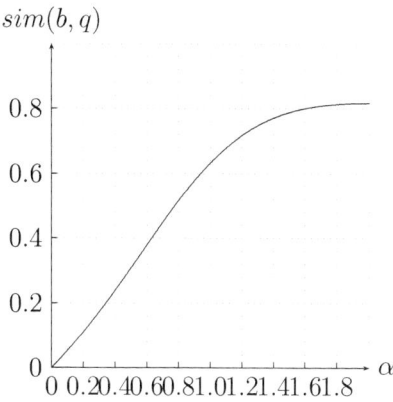

FIGURE 3.6 – Graphe de la similararité $sim(b,q)$ en fonction de α

Propriété 2 : Meilleur point d'entrée. Le bloc b_1 a une plus grande similarité avec la requête q que le bloc b qui le contient

En comparant la similarité de la requête q avec les blocs b_1 et b (qui est le parent de b_1), nous avons :

$$sim(b_1,q) = \frac{\alpha\beta_1 \vec{bl_1} \cdot \vec{q}}{\|\alpha\beta_1 \vec{bl_1}\| \cdot \|\vec{q}\|} = \frac{P\alpha}{L_q\sqrt{(L_1\alpha)^2}} \qquad (3.9)$$

et à partir de 3.8 :

$$sim(b,q) = \frac{P\alpha}{L_q\sqrt{(L_1\alpha)^2 + (L_2(2-\alpha)(\beta_2/\beta_1))^2}}$$

De plus, comme $((L_1\alpha)^2+(L_2(2-\alpha)(\beta_2/\beta_1))^2 \geq (L_1\alpha)^2)$, nous avons $sim(b_1,q) \geq sim(b,q)$: le bloc b_1 qui est plus spécifique que le bloc b a une plus grande similarité avec la requête q. On le vérifie dans notre exemple, où nous avons $sim(b_1,q) = 0.82$

et $sim(b, q) = 0.63$: le bloc b_1 est donc le meilleur point d'entrée pour la requête q.

En étudiant le comportement de la fonction de gain :

$$G = sim(b_1, q)/sim(b, q) = \frac{\sqrt{(L_1 \cdot \alpha)^2 + (L_2 \cdot (2 - \alpha) \cdot (\beta_2/\beta_1))^2}}{\sqrt{(L_1 \cdot \alpha)^2}}$$

on peut tirer les conclusions suivantes :

1. A contenus textuels et perméabilité fixés, plus α est petit, plus G est grand, c'est à dire plus b_1 est un bon point d'entrée. En d'autres termes, l'importance d'un bloc estompe la précision de la localisation

2. A importance et contenu textuel fixés, plus le rapport $\frac{\beta_1}{\beta_2}$ est petit, plus b_1 est un bon point d'entrée. En d'autres termes, moins le bloc parent hérite d'un de ses blocs fils, plus ce fils est un bon point d'entrée

3. A importance, perméabilité et contenu textuel de b_1 fixés, plus la norme L_2 de b_2 est grande, plus la norme de b l'est aussi et donc plus b_1 est un bon point d'entrée. En d'autres termes, plus le contenu du bloc frère d'un bloc est grand, plus ce bloc est un bon point d'entrée.

Bien entendu, si la requête q est elle même partiellement ou totalement contenue dans le bloc b_2, le meilleur point d'entrée peut être le bloc b plutôt que le bloc b_1. Dans notre exemple, si le bloc b_2 n'est pas seulement indexé par *INFORSID* et *Toulouse* mais aussi par *CORIA* et *Giens*, nous aurions $sim(b_1, q) = 0.82$ et $sim(b, q) = 0.85$. Le meilleur point d'entrée serait donc le bloc b.

Nous proposons dans le chapitre 5 une expérimentation validant cette propriété du meilleur point d'entrée.

3.4 Modélisation d'une page Web

Plusieurs stratégies peuvent être appliquées pour modéliser des pages Web conformément au modèle BlockWeb. La plus classique est adaptée à des corpus de pages Web construites selon le même schéma logique et visuel : par exemple, les pages d'articles d'un journal électronique. Cette stratégie produit, pour un tel corpus, un schéma d'arbre de blocs et un schéma de graphe IP en quatre étapes :

1. Un schéma d'arbre de blocs est défini à partir du rendu visuel des pages du corpus.

2. Un coefficient d'importance est affecté à chaque bloc fils d'un bloc parent, en accord avec le modèle d'importance dans le contexte de l'arbre des blocs (section 3.2.3), c'est à dire que la somme de l'importance des n blocs fils d'un bloc doit être égal à n.

3. Un arc de perméabilité de valeur $\beta = 1$ est tracé entre chaque bloc et le bloc qui le contient. Affecter une valeur de perméabilité $\beta < 1$ aurait pour effet de diminuer la contribution du bloc correspondant à l'index de son père, tel qu'il a été initialisé par son coefficient d'importance dans l'étape précédente.

4. Des arcs de perméabilité transversaux sont tracés entre certains blocs, quand ceci est nécessaire. Ces arcs sont dit transversaux car les blocs cibles (c'est à dire les blocs « perméables ») ne sont ni descendants, ni ancêtres des blocs sources, car les arcs de perméabilité correspondant à l'arbre de blocs ont déjà été tracés dans l'étape précédente. En général, une perméabilité

transversale est construite dans deux cas : (i) d'un bloc texte vers un bloc multimédia, afin de pouvoir indexer le bloc multimédia. Dans ce cas, l'arc de perméabilité du bloc multimédia vers le bloc qui le contient est redondant et doit être enlevé. (ii) d'un bloc texte vers un autre bloc texte qui lui est corrélé, afin de renforcer l'index de ce dernier. Aucun cycle ne doit être créé lors de la construction des arcs de perméabilité transverse du schéma du graphe IP, ce dernier étant contraint à un graphe direct orienté sans cycle (section 3.2.5).

Cette stratégie est celle utilisée pour modéliser les pages du type de celle de la figure 3.1. Toutefois, il peut exister d'autres stratégies, comme par exemple celle que nous donnerons dans le chapitre 4 et que nous avons utilisé pour l'indexation des images d'une page Web. Elle consiste à simplifier et à reconfigurer la hiérarchie visuelle en fonction de l'application envisagée.

3.4.1 Construction de l'arbre de blocs

L'arbre de blocs représentant une page est souvent construit à partir de l'arbre DOM de la page, en respectant un schéma donné de ces pages. Nous indiquons différentes méthodes de construction de l'arbre de blocs dans le chapitre suivant.

3.4.2 Évaluation de l'importance

Plusieurs critères peuvent permettre de calculer l'importance d'un bloc :

- des critères visuels du bloc, tels que sa taille, sa position dans la page, la présence d'une image de fond, etc.

- des critères de style, tels que la famille, la taille, la graisse de la police,

- des critères de contenu, tels que la longueur du bloc, le nombre de liens, etc.
- des critères textuels, tels que la fréquence des termes du bloc,
- des critères linguistiques, tels que la présence d'entités nommées.

Différentes méthodes de calcul de l'importance des blocs ont été présentées dans le chapitre 2 (cf 2.4.2).

Comme notre modèle prend en compte un arbre de blocs dont la structure représente une relation d'inclusion visuelle, nous considérons que l'importance d'un bloc s'exprime de manière relative à ses blocs voisins. Ainsi, l'importance d'un bloc permet d'être exprimée dans son contexte, à un niveau de granularité donné. Par exemple, une manière simple de calculer l'importance des blocs en respectant la contrainte $\sum_{k=1}^{n} \alpha(b_i) = n$ est d'utiliser l'aire des blocs. Soit b un bloc composé de n blocs $b_1, \ldots, b_n$. On a :

$$\alpha(b_i) = n \times \frac{aire(b_i)}{\sum_{k=1}^{n} aire(b_k)} \qquad (3.10)$$

3.4.3 Perméabilité

Trois approches sont possibles pour calculer la perméabilité.

Perméabilité binaire

Un bloc est totalement perméable ou imperméable à un autre bloc. C'est le choix que nous avons fait ci-dessus pour la perméabilité entre un bloc et le bloc qui le contient.

Perméabilité inversement proportionnelle à la distance d'arbre

Un bloc est d'autant moins perméable à un autre bloc qu'il est éloigné de ce bloc dans l'arbre des blocs. Considérons, par exemple, la page de la figure 3.7 qui montre aussi l'arbre de blocs et le graphe IP de cette page. On a $\beta(2,1) = \beta(3,1) = \beta(4,3) = \beta(5,3) = \beta(7,5) = 1$ par perméabilité totale d'un bloc à ses blocs fils de type texte. Supposons que le bloc image 6 soit indexé principalement par sa légende, un peu moins par le texte de l'article illustrant cette image et encore moins par les textes de la page. On a $\beta(7,6) = 1/2$ car la distance d'arbre entre les blocs 7 et 6 est égale à 2. De la même façon, on a $\beta(4,6) = 1/3$ et $\beta(2,6) = 1/4$.

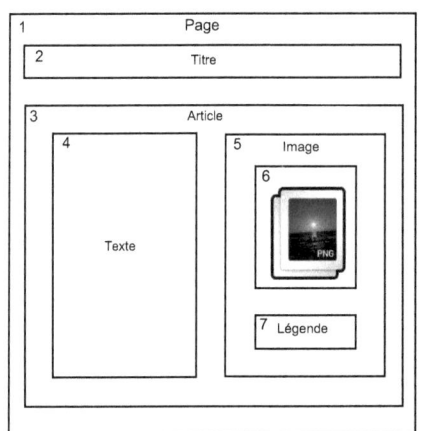
(a) Exemple d'une page contenant une image

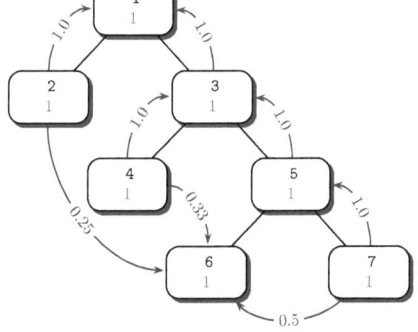
(b) Graphe IP pour l'indexation d'images en fonction de la distance d'arbre

FIGURE 3.7 – Exemple de page, avec son graphe IP associé

Perméabilité par apprentissage

Nous avons proposé une telle approche dans [Bruno 2011] pour indexer des images d'un corpus de la campagne ImagEval.

3.5 Conclusion

Dans ce chapitre, nous avons proposé un nouveau modèle : le modèle BlockWeb, qui permet d'indexer et d'interroger des pages Web décomposées en blocs visuels. Un coefficient d'importance est affecté à chaque bloc d'une page en fonction de ses caractéristiques visuelles. De plus, le contenu d'un bloc peut être renforcé par le contenu des blocs auxquels il est perméable. Cette relation de perméabilité est l'une des originalité de notre modèle. L'indexation des blocs repose sur le modèle vectoriel de recherche d'information, que nous avons étendu afin de prendre en compte l'importance des blocs et leur perméabilité.

Nous avons mis en avant deux propriétés importantes du modèle BlockWeb : (i) sa capacité à fournir le meilleur point d'entrée (un bloc) dans une page pour une requête donnée, (ii) l'influence de l'importance des blocs fils dans l'indexation de leur père.

Enfin, nous avons proposé une stratégie pour construire un schéma d'arbre de blocs ainsi qu'un schéma de graphe IP pour un corpus homogène de pages Web. Nous avons proposé, de plus, quelques pistes pour évaluer l'importance des blocs et la perméabilité entre les blocs.

Le modèle BlockWeb pourrait être étendu en prenant en compte les liens entre les pages de la base de données ou plus finement entre les blocs de ces pages. Cette extension pourrait s'appuyer sur les travaux des auteurs de [Cai 2004b] qui utilisent l'analyse des liens entre les blocs et les pages à des fins de classifications d'images, et des auteurs de [Kim 2006] qui utilisent la hiérarchie des pages de l'annuaire Yahoo (Yahoo directory) afin de propager les index d'une page Web vers une autre. Une attention particulière devra alors être portée à la détection des cycles dans les liens entre les pages. En effet, le modèle BlockWeb contraint le graphe IP à être un graphe acyclique orienté (dû à l'irréflexivité de la relation de perméabilité). Ainsi, il n'est pas possible de traiter le cas d'un ensemble de blocs dont les index se renforcent mutuellement par perméabilité. C'est une configuration qui pourrait se rencontrer dans le cas de la prise en compte de liens entre les pages. Une approche intéressante dans ce domaine est celle proposée par les auteurs de [Narayan 2005], qui permet de détecter les cycles et les éliminer, dans le cas précis d'un site Web.

Chapitre 4

Un système pour l'extraction et l'indexation de blocs

Sommaire
4.1	Architecture générale		76
4.2	Transformation de pages en arbres de blocs		78
	4.2.1	Utilisation du rendu visuel	78
	4.2.2	Définition de l'arbre de blocs	85
	4.2.3	Plusieurs arbres de blocs pour une même page	89
	4.2.4	Segmentation des pages en arbres de blocs	95
	4.2.5	Segmentation semi-automatique par transformation des pages en arbres de blocs	100
4.3	Construction déclarative du graphe IP		106
	4.3.1	Motivation : calculer l'Importance et la Perméabilité	108
	4.3.2	XIML : un langage d'indexation	110
4.4	Conclusion		118

Ce chapitre présente l'architecture que nous proposons pour réaliser (i) l'extraction de blocs à partir de pages Web, (ii) leur indexation et (iii) leur interrogation conformément au modèle défini au chapitre 3.

Le modèle BlockWeb peut s'appliquer à n'importe quel document représenté par une structure hiérarchique. Nous choisissons dans cette thèse de prendre en compte différents éléments informatifs constituant une page Web, que nous appelons des blocs. Ainsi, une page n'est pas représentée comme une unité sémantique, mais comme un ensemble d'éléments ayant une granularité plus fine que la page. Les éléments de la structure HTML d'une page Web n'ont pas une sémantique ni une granularité suffisante pour la recherche d'information semi-structurée. De plus, une page Web peut être décrite en utilisant le langage XML et des feuilles de styles CSS et dans ce cas, sans connaissance du domaine, l'exploitation de la sémantique ou de la structure peut être limitée. Pour plus de généralités, nous considérerons dans la suite le modèle DOM [1] correspondant au document (HTML, XHTML ou XML).

Nous modélisons une page d'une manière similaire à [Cai 2003], en la représentant comme un arbre de blocs, organisé hiérarchiquement. C'est à partir de cet arbre que sera construit le graphe IP qui aura comme nœuds les blocs. La structure de l'arbre de blocs permet de représenter l'inclusion visuelle des blocs dans le rendu réel de la page. Chaque bloc, correspond à un élément DOM visible de la page source, enrichi par des propriétés visuelles (sa taille, sa position, etc.). Ces propriétés sont calculées par un des moteurs de rendu utilisés par les navigateurs graphiques lorsque ces derniers affichent la page Web. Cet arbre de blocs qui, comme nous le verrons, ne correspond pas forcément à la structure logique de la page, peut être représenté au moyen du langage XML.

Les propriétés visuelles des blocs sont des informations importantes pour l'utilisateur. En effet, les propriétés telles que la position, la taille, la couleur de fond, la police utilisée... informent l'utilisateur sur le rôle respectif et l'importance des blocs, et donc de l'information qu'ils contiennent. Ces propriétés peuvent donc être utilisées pour fixer les paramètres du modèle BlockWeb : l'importance et la perméabilité. En nous appuyant sur les relations (spatiales ou autres) entre chaque

---

[1] Document Object Model

bloc, représentées par la structure de l'arbre, nous proposons des outils de haut niveau permettant le calcul de l'importance des blocs et des relations de perméabilité entre les différents blocs. On peut considérer intuitivement que la relation de perméabilité correspond le plus souvent à la relation d'inclusion visuelle mais nous verrons que d'autres heuristiques peuvent être utilisées pour produire un modèle d'indexation (c'est-à-dire un schéma de graphe IP) différent, comme par exemple la proximité spatiale, ou l'exploitation de structures visuelles spécifiques et de leurs relations (images, légendes, titre...). Un exemple d'utilisation de plusieurs graphes IP pour un même corpus peut être le besoin de plusieurs stratégies d'indexation : hiérarchique, par les blocs imbriqués de textes et ad'hoc pour les images (influence du titre de la page, de la légende, des textes « voisins »...). En effet, on pourrait choisir d'exprimer que les images sont plus perméables aux blocs qui leur sont visuellement proches qu'aux blocs éloignés.

Les propriétés visuelles des blocs nous permettent de calculer l'importance de chaque bloc. Par exemple, la taille et la position des blocs dans la page, la taille et le type de police utilisée, ou encore la densité d'un bloc, renseignent l'utilisateur sur l'importance à accorder à chaque bloc qu'il perçoit.

Bien que l'on puisse fixer manuellement l'importance de chaque bloc d'une page et la perméabilité entre ces blocs, ceci n'est pas envisageable si l'on souhaite passer à l'échelle. Mais s'il est difficile de spécifier de telles valeurs manuellement, et ce pour chaque page, on peut imaginer qu'exprimer des règles heuristiques ou simplement les spécialiser pour un contexte donné demande un travail limité. C'est pourquoi, afin d'assister l'administrateur du système à la définition des paramètres d'indexation, nous avons défini et implanté le langage XIML (XML Indexing Management Language). Ce langage permet de définir un ensemble de

CHAPITRE 4. UN SYSTÈME POUR L'EXTRACTION ET L'INDEXATION DE BLOCS

règles heuristiques qui, appliquées à une classe de pages préalablement découpées en blocs, génèrent les matrices d'importance ALPHA et de perméabilité BETA pour chaque page.

La suite de ce chapitre est organisée de la façon suivante : nous aborderons dans la première section l'architecture générale, puis le processus de transformation d'une page quelconque en un arbre de blocs dans la section 4.2. La section 4.3 définit le langage d'indexation que nous avons créé, qui permet la construction du graphe IP pour chaque page, afin d'indexer l'arbre de blocs précédemment créé. Chaque section est illustrée par deux applications possibles grâce à notre modèle : la recherche d'articles dans des sites de journaux électroniques et la recherche d'images.

4.1 Architecture générale

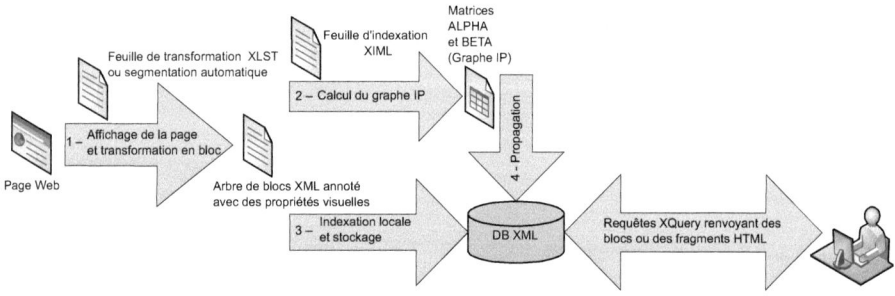

FIGURE 4.1 – Architecture du système

Le système que nous proposons est représenté sur la figure 4.1. Il respecte les objectifs suivants : (i) le premier est de combiner la structure logique de la page et son rendu visuel (c'est-à-dire comme un utilisateur la perçoit dans un navigateur) dans un modèle de représentation abstrait sous forme d'arbre de blocs, (ii) le deuxième est de fournir un langage de définition de règles qui permet à l'administrateur du système de produire automatiquement le graphe IP (et donc l'indexation des blocs de la page) par rapport à l'arbre de blocs, (iii) le troisième est de fournir un langage d'interrogation qui permet de spécifier des contraintes sur les structures logique, visuelle et sur le contenu des blocs du document.

Comme nous pouvons voir sur la figure 4.1, l'indexation s'effectue en quatre étapes, représentées par les flèches.

La première étape consiste à représenter une page Web par un arbre de blocs. À chaque page est donc associé un document XML représentant l'arbre de blocs (étape 1 dans la figure 4.1). Chaque bloc de ce document est enrichi par ses propriétés visuelles, telles qu'elles sont visibles dans le rendu de la page au sein d'un navigateur. Cette étape peut être semi-automatique, par exemple en appliquant une feuille de transformation XSLT à une même « classe » de page, ou encore automatique, par segmentation.

La seconde étape consiste à générer les paramètres d'indexation au moyen de règles heuristiques, exprimées sur la structure et le contenu de l'arbre de blocs. Pour cela, nous avons défini le langage XIML. Une feuille d'indexation XIML fonctionne de façon similaire à une feuille de style XSLT. Elle contient un ensemble de règles et est appliquée à un ensemble d'arbres de blocs de la même classe (c'est-à-dire possédant des caractéristiques communes utilisées par les règles).

Les troisièmes et quatrièmes étapes réalisent l'indexation proprement dite : tout d'abord, l'index local de chaque bloc est calculé en utilisant le modèle vectoriel de recherche d'information [Salton 1975] que nous avons décrit au chapitre 3.2.6 (étape 3 dans la figure 4.1). Une fois les index locaux calculés, les index globaux des blocs sont calculés selon l'équation 3.6 (étape 4 dans la figure 4.1), en utilisant les paramètres d'indexation produits par l'étape précédente.

Au final, la représentation en arbre de blocs est annotée avec les nouveaux index calculés. Le résultat est donc un document XML représentant l'arbre de blocs associé à chaque page et contenant pour chaque bloc ses informations visuelles ainsi que son index.

De plus, afin d'optimiser la recherche d'information, nous maintenons pour chaque terme une liste inverse indiquant quel bloc contient ce terme ainsi que le poids du terme dans ce bloc. Le tout est stocké dans une base de données XML, afin de permettre l'interrogation des blocs à l'aide du langage XQuery, que nous avons étendu avec des opérateurs de recherche d'information.

Les sections suivantes détaillent chaque étape du système.

4.2 Transformation de pages en arbres de blocs

4.2.1 Rendu visuel comme support du modèle de représentation

Nous avons choisi de représenter les pages Web sous la forme d'un modèle de représentation abstrait correspondant à un arbre de blocs organisé selon leur hiérarchie visuelle conforme à la perception d'un utilisateur.

La figure 4.2 montre une page Web affichée dans un navigateur. Lorsqu'un utilisateur consulte cette page, il va probablement la décomposer comme l'indiquent les cadres apparaissant sur la figure 4.3. Selon toute vraisemblance, cette décomposition perçue doit correspondre à la volonté du concepteur de la page et doit donc donner des informations sur les liens entre blocs et leur importance. Plus formellement, cette décomposition peut être exprimée de manière hiérarchique par

4.2. TRANSFORMATION DE PAGES EN ARBRES DE BLOCS

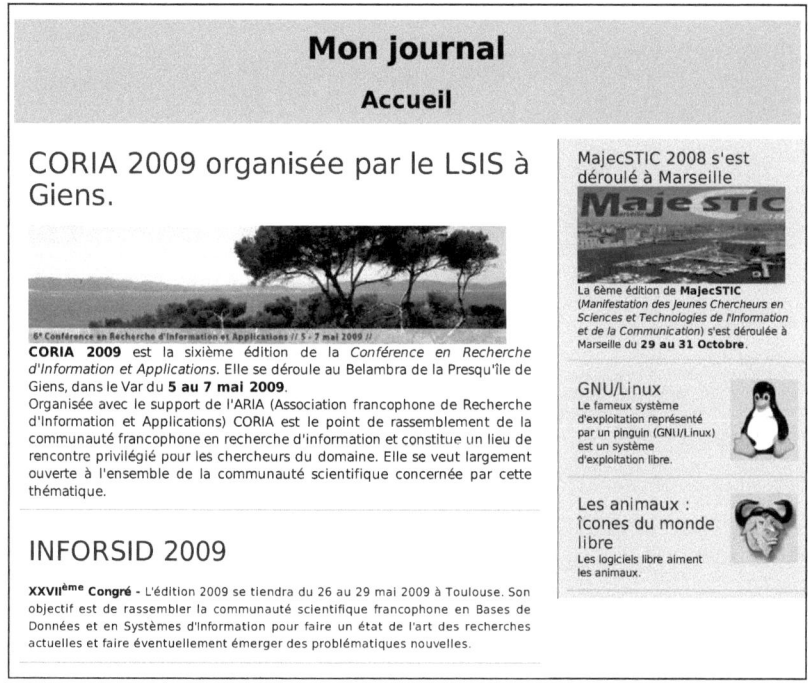

FIGURE 4.2 – Page d'accueil d'un journal électronique

l'arbre représenté sur la figure 4.4. Ce choix est motivé par le fait que la perception visuelle d'une page correspond à la sémantique donnée par le concepteur d'une page. Les pages Web, une fois affichées dans un navigateur, fournissent des indices visuels à l'utilisateur, tel que les bordures, l'utilisation d'images ou de couleurs de fond, qui l'aident à distinguer les différents éléments informatifs de la page, leurs relations et leur importance. De plus, cette représentation est plus simple que la structure logique de la page qui est parfois polluée par des éléments « techniques » nécessaires à l'obtention d'un rendu conforme à l'attente du concepteur. Le rendu visuel permet d'aider à choisir la « granularité » de segmentation. Cette représen-

FIGURE 4.3 – Segmentation intuitive de la page de la figure 4.2

tation complète la page en rendant explicites les indices visuels. Finalement, elle permet de représenter de façon homogène des pages ayant une structure logique différente mais qui, grâce aux langages de représentation tel que XHTML, CSS et JavaScript, ont un rendu visuel semblable et donc probablement une sémantique proche, ou en tout cas pour lesquelles les même heuristiques s'appliquent.

Nous allons par la suite illustrer sur un exemple (i) comment l'utilisation du rendu visuel guide l'utilisateur dans la perception de la sémantique des éléments d'une page, (ii) ce qu'apporte un modèle de représentation s'appuyant sur le

4.2. TRANSFORMATION DE PAGES EN ARBRES DE BLOCS

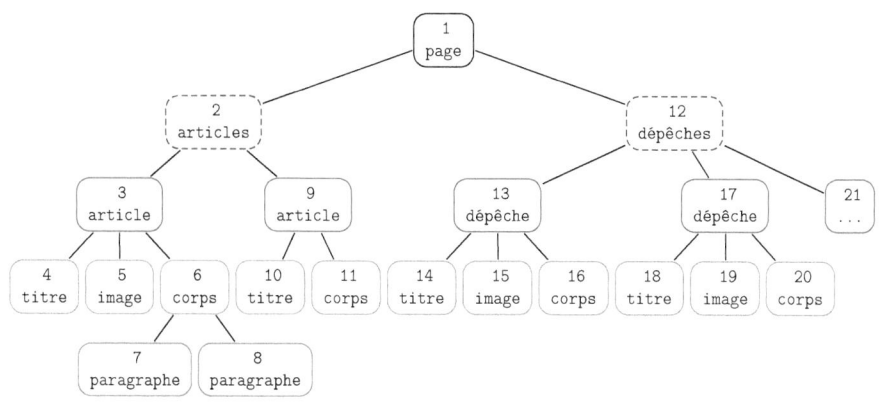

FIGURE 4.4 – Arbre de blocs correspondant à la segmentation donnée dans la figure 4.3

rendu visuel d'une page et contenant des informations sur les propriétés visuelles rencontrées.

Des indices visuels sur la sémantique du document

Lors de leur conception, les pages Web sont généralement mises en forme au moyen de feuilles de style CSS [Bos 2009]. Toutefois cette mise en page peut aussi être dynamique au niveau du navigateur de l'utilisateur, à l'aide de langages de scripts tels que JavaScript. De ce fait, le rendu des pages peut parfois différer, et même fortement, de leur structure logique.

Prenons par exemple la page Web de la figure 4.5 qui représente une galerie d'images avec une légende. Chaque couple d'image/légende est identifiable par la présence de bordures et se distingue de son voisin par sa couleur de fond, qui est soit bleue soit transparente. Pourtant, si l'on examine le code source HTML de cette page (figure 4.6a), on constate que la galerie est représentée sous forme de tableau. Cette pratique n'est pas recommandée, mais souvent rencontrée. Le tableau contient 12 cases (éléments `td`) réparties sur 4 lignes (éléments `tr`). On peut observer une alternance entre chaque ligne : la première ligne contient des images, la seconde leurs légendes. Ainsi, il est difficile de déterminer la relation qu'il existe entre les images et leurs légendes en se basant seulement sur l'inclusion des éléments. En effet, chaque image et sa légende n'ont pas d'ancêtre commun qui les groupe par paire dans la hiérarchie structurelle. Ce sont donc les propriétés visuelles générées par l'application de feuilles de style CSS (comme par exemple le code CSS de la figure 4.7a) qui nous permettent de voir les bordures. Toutefois, l'analyse du code CSS ne suffit peut-être pas non plus. Dans cet exemple, les couleurs de fond des images sont elles générées dynamiquement lors du chargement de

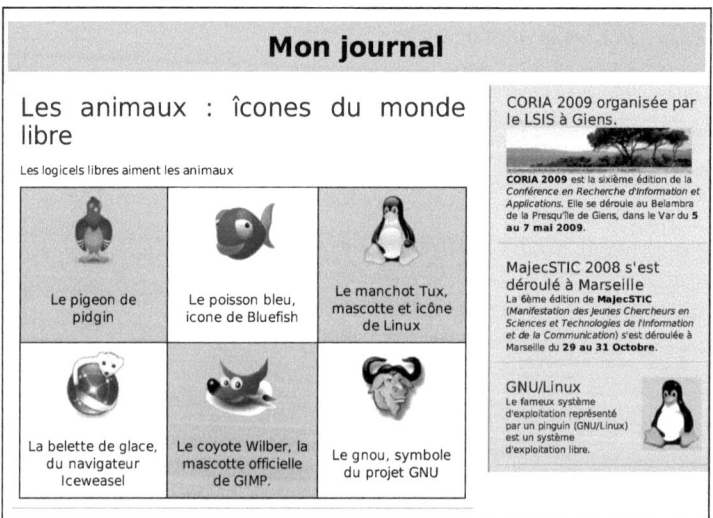

FIGURE 4.5 – Une galerie d'images affichée dans un navigateur

4.2. TRANSFORMATION DE PAGES EN ARBRES DE BLOCS

```
<table id="gallerie">
  <tr class="image">
    <td><img src="img/pidgin.png" /></td>
    <td><img src="img/bluefish.png" /></td>
    <td><img src="img/tux2.png" /></td>
  </tr>
  <tr class="legend">
    <td>Le pigeon de pidgin</td>
    <td>Le poisson bleu, icone de Bluefish </td>
    <td>Le manchot Tux, mascotte et
        icône de Linux</td>
  </tr>
  <tr class="image">
    <td><img src="img/Iceweasel.png" /></td>
    <td><img src="img/gimp.png" /></td>
    <td><img src="img/gnu.png" /></td>
  </tr>
  <tr class="legend">
    <td>La belette de glace, du navigateur Iceweasel</td>
    <td>Le coyote Wilber, la mascotte officielle de GIMP.</td>
    <td>Le gnou, symbole du projet GNU</td>
  </tr>
</table>
```

(a)

```
<div id="galerie"></div>
  <div class="image">
    <img src="img/pidgin.png" />
    <p>Le pigeon de pidgin</p>
  </div>
  <div class="image">
    <img src="img/bluefish.png" />
    <p>Le poisson bleu, icone de Bluefish </p>
  </div>
  <div class="image">
    <img src="img/tux.png" />
    <p>Le manchot Tux, mascotte et icône de Linux</p>
  </div>
  <div class="image">
    <img src="img/Iceweasel.png" />
    <p>La belette de glace, du navigateur Iceweasel </p>
  </div>
  <div class="image">
    <img src="img/gimp.png" />
    <p>Le coyote Wilber, la mascotte officielle de GIMP.</p>
  </div>
  <div class="image">
    <img src="img/gnu.png" />
    <p>Le gnou, symbole du projet GNU</p>
  </div>
</div>
```

(b)

FIGURE 4.6 – Code HTML de la galerie d'images utilisant (a) une table (b) des divisions

la page dans le navigateur du client. Le code JavaScript donné dans la figure 4.7b permet de modifier ce style de manière dynamique en utilisant une bibliothèque JavaScript nommée jQuery.

Ainsi, pour connaître tous les indices visuels nécessaires à la construction d'un modèle de représentation utilisant le rendu visuel d'une page (dans notre cas, l'arbre de blocs), la seule solution complète est d'afficher la page Web dans un navigateur ou de simuler son fonctionnement et d'accéder aux propriétés visuelles calculées par ce dernier en fonction des styles et des scripts accompagnant la page.

CHAPITRE 4. UN SYSTÈME POUR L'EXTRACTION ET L'INDEXATION DE BLOCS

```
/* la largeure des bordures des
   cellules est de 1px */
#gallerie td { border-width : 1
   px solid; }

/* Les cellules images ont une
   bordure en haut, à gauche et à
   droite */
.image td { border-style:solid
   solid hidden; }

/* Les cellules légende ont une
   bordure en bas, à gauche et à
   droite */
.legend td { border-style:hidden
   solid solid; }
```

```
window.onload = function(){
   /* crée un damier avec comme case les images et
      leurs légendes,
      quelque soit la taille du tableau*/
   $('#gallerie tr:odd').filter(':odd').children('td:odd').css
      ('background-color','lightBlue');
   $('#gallerie tr:even').filter(':odd').children('td:odd').
      css('background-color','lightBlue');
   $('#gallerie tr:odd').filter(':even').children('td:even').
      css('background-color','lightBlue');
   $('#gallerie tr:even').filter(':even').children('td:even').
      css('background-color','lightBlue');
}
```

(a)   (b)

FIGURE 4.7 – Mise en forme de la galerie d'images à l'aide (a) d'une feuille de style CSS (b) d'un script exécuté lors du chargement de la page dans le navigateur

Une structure visuelle semblable

Non seulement le rendu visuel d'une page est souvent différent de sa structure logique, mais il est aussi possible que des pages à la structure logique différente puissent avoir un rendu visuel semblable. Les exemples des figures 4.6a et 4.6b montrent deux pages à la structure logique totalement différente, l'une d'elle utilisant une structure tabulaire pour la mise en page (à gauche), l'autre utilisant des éléments de divisions (`div`). Toutefois, en utilisant un style approprié, ces pages peuvent avoir le même rendu visuel (figure 4.5). L'utilisateur, en les affichant dans son navigateur aura la même perception de ces deux pages. Il leur donnera la même sémantique, à savoir une galerie d'images avec leurs légendes. Ce cas est décrit de manière extrême mais d'une manière générale, les pages de site d'un même domaine (information, e-commerce...) ont souvent des rendus visuels proches. Cependant, elles sont souvent générées par des outils différents comme par exemple des systèmes de génération de contenu (CMS) et possèdent donc des structures logiques différentes. D'une manière plus générale, il est fréquent que les informations d'une page Web proviennent de données structurées. C'est souvent le cas par exemple des sites marchands, dont les produits proviennent d'une base de données et dont la mise en page est générée par des langages de script tels que PHP au niveau du serveur de données. Ainsi, des sites d'un même domaine possèdent souvent une structure visuelle et une sémantique semblable, même si la structure logique des pages (i.e. la façon dont elles sont codées) peut être différente.

4.2.2 Définition de l'arbre de blocs

Cette section présente en détail les informations que nous représentons dans l'arbre de blocs en utilisant le langage XML. Un exemple d'arbre de blocs exprimé au format XML est donné dans la figure 4.10. Il correspond à l'arbre de blocs généré pour l'extrait de page de la figure 4.8 dont le code source est donné sur la figure 4.9.

Chaque arbre de blocs est composé d'un élément racine `block-document`, qui possède un identifiant défini par le système, ainsi que l'URI de la page à laquelle l'arbre de blocs correspond.

Ce formalisme permet d'étiqueter chaque bloc par un label afin d'indiquer la sémantique de ce bloc (attribut label). Par exemple le label `titre` permet d'indiquer que ce bloc correspond à un titre. Ainsi, l'exemple donné est un arbre composé de 5 blocs, correspondant à l'article, son titre, l'image, son corps et les deux paragraphes contenus dans le corps de l'article.

Afin d'identifier chaque bloc, nous lui affectons un identifiant, qui est composé par l'URI de la page Web qu'elle représente, concaténé avec un identifiant unique

FIGURE 4.8 – Article extrait de la page d'accueil représenté dans la figure 4.2

généré pour ce bloc (en utilisant la fonction XPath `generate-id()` qui permet de créer un identifiant unique pour chaque élément d'un arbre).

Pour chaque bloc, nous conservons donc un pointeur vers le document source qui permet, lors de la recherche de blocs, de retourner un fragment de la page d'origine (HTML) correspondant au bloc résultat, plutôt que sa représentation XML. Si un bloc correspond à un élément HTML dans la page source, nous gardons un pointeur vers cet élément, qui correspond au chemin XPath de l'élément dans le fichier HTML de la page source. De plus, si ce bloc correspond à une image, nous conservons aussi l'URL de cette image. Par exemple, le bloc de label

4.2. TRANSFORMATION DE PAGES EN ARBRES DE BLOCS

```
<div class='article' id='scoop'>
  <h3>CORIA 2009 organisée par le LSIS à Giens.</h3>
  <img class="imgfull" src="img/coria.jpg" alt="CORIA à Giens" />
  <p>
    <span style="font-weight: bold;">CORIA 2009</span>
    est la sixième édition de la
    <span style="font-style: italic;">Conférence en Recherche d'Information et
        Applications</span>.
    Elle se déroule au Belambra de la Presqu'île de Giens, dans le Var du
    <span style="font-weight: bold;">5 au 7 mai 2009</span>.
  </p>
  <p>Organisée avec le support de l'ARIA (Association francophone de Recherche d'
      Information et Applications) CORIA est le point de rassemblement de la communauté
      francophone en recherche d'information et constitue un lieu de rencontre privilégié
      pour les chercheurs du domaine. Elle se veut largement ouverte à l'ensemble de la
      communauté scientifique concernée par cette thématique.
  </p>
</div>
```

FIGURE 4.9 – Fragment HTML correspondant à l'extrait de la figure 4.8

article possède le chemin XPath suivant :

/hmtl/body/div[@id='document']/div[@id='corps']/div[@id='articles']/div[@class='article'][1],

qui permet d'identifier précisément le fragment HTML correspondant à cet article.

Afin de calculer l'importance de chaque bloc, leurs propriétés visuelles sont aussi conservées. Pour chaque bloc, nous retenons sa position absolue dans la page, sa taille donnée par sa longueur et sa largeur, sa surface, ainsi que sa densité qui correspond à la surface divisée par le nombre de caractères. Pour les blocs contenant des images, nous indiquons aussi le nombre d'images qu'ils contiennent. Lors du calcul de la densité de tels blocs, nous retranchons la surface des images à la surface totale de ces blocs. Dans l'exemple, le bloc article est situé à 138 pixels du bord supérieur de la page (attribut top), à 553 pixels du bord gauche (attribut left), possède une longueur de 538 pixels (attribut width) et une largeur de 389 pixels (attribut height), une densité de 303 (attribut density) et contient une image (attribut nbImg).

Enfin, le contenu textuel éventuel de chaque bloc est stocké pour calculer son index local. Sur l'exemple, on peut observer que les blocs feuille possèdent un élément `content-text` qui représente le contenu textuel du bloc. C'est le cas des blocs `titre` et `paragraphe`.

```xml
<block-document xmlns="http://lsis.univ-tln.fr/BlockWeb" id="accueil" uri="
   http://monjournal.fr/accueil.html">...
 <block label="article" id="1778367109#w1ab1b1b3b3b3b1" nbImg="1"
  xpath="/html/body//div[@id='articles']/div[@class='article'][1]"
  left="533" top="138" width="558" height="389" aera="217062" density="303">
   <block label="title" id="1778367109#w1ab1b1b3b3b3b1b1" nbImg="0"
    xpath="/html/body//div[@id='articles']/div[@class='article'][1]/h3"
    left="543" top="148" width="538" height="66" aera="35508" density="1044">
     <content-text>CORIA 2009 organisée par le LSIS à Giens.</content-text>
   </block>
   <block label="body" id="1778367109#w1ab1b1b3b3b3b1b5#1" nbImg="0"
    xpath="/html/body//div[@id='articles']/div[@class='article'][1]/p"
    left="543" top="355" width="538" height="162" aera="87156" density="183">
     <block label="paragraph" id="1778367109#w1ab1b1b3b3b3b1b5" nbImg="0"
      xpath="/html/body//div[@id='articles']/div[@class='article'][1]/p[1]"
      left="543" top="355" width="538" height="54" aera="29052" density="194">
       <content-text>CORIA 2009 est la sixième édition de la Conférence en Recherche d'
           Information et Applications . Elle se déroule au Belambra de la Presqu'île de
           Giens, dans le Var du 5 au 7 mai 2009.</content-text>
     </block>
     <block label="paragraph" id="1778367109#w1ab1b1b3b3b3b1b7" nbImg="0"
      xpath="/html/body//div[@id='articles']/div[@class='article'][1]/p[2]"
     left="543" top="409" width="538" height="108" aera="58104" density="177">
       <content-text>Organisée avec le support de l'ARIA (Association francophone de
           Recherche d'Information et Applications )  CORIA ... à l'ensemble de la
           communauté scientifique concernée par cette thématique. </content-text>
     </block>
   </block>
   <block label="img" id="1778367109#w1ab1b1b3b3b3b1b3" nbImg="1"
    xpath="/html/body//div[@id='articles']/div[@class='article'][1]/img[1]"
    left="543" top="229" width="511" height="122" aera="62342" density="1"
    src="img/coria.jpg">
     <content-text>CORIA à Giens</content-text>
   </block>
 </block>...
</block-document>
```

FIGURE 4.10 – Extrait d'arbre de blocs représenté en XML

4.2.3 Plusieurs arbres de blocs pour une même page

Notre approche s'appuie sur un arbre de blocs. La question de la technique de génération de l'arbre de blocs est donc cruciale. Nous pensons que deux critères principaux doivent être pris en compte : (i) le fait que l'arbre produit possède une sémantique qui pourra réellement être exploitée et (ii) le coût de cette opération (en temps, mais surtout en travail « manuel ») ne devra pas être trop important pour permettre un passage à l'échelle. Pour cela, l'arbre ne devra pas être trop complexe (profond) et les blocs extraits doivent comporter suffisamment d'informations pour que leur perméabilités relatives et leurs importances puissent être calculées. Afin de faciliter l'expression des règles d'indexation portant non seulement sur l'arbre de blocs, mais aussi sur leur sémantique, nous proposons d'associer aux blocs un label (cf 4.2.2). Nous avons choisi de ne pas imposer l'utilisation des langages issus du web sémantique (RDF [Carroll 2004] ou OWL [Group 2009]) afin de conserver un modèle simple. Par exemple, en se plaçant dans le contexte d'une application d'indexation d'images, il est possible de spécifier la règles suivante : les blocs `image` sont perméables au bloc `titre` de la page. Ainsi, l'ajout de sémantique à chaque bloc nous permet d'exploiter avec plus de finesse toutes les possibilités de notre modèle.

Pour la génération de l'arbre de blocs, nous avons étudié deux approches : (i) automatique par segmentation « visuelle » (cf 4.2.4) et (ii) semi-automatique en utilisant une transformation de l'arbre DOM vers l'arbre de blocs, via XSLT, puis un enrichissement avec des propriétés visuelles obtenues par rendu de la page (cf 4.2.5). Nous proposons une adaptation d'un algorithme de segmentation à la section 4.2.4, qui permet de produire un arbre de blocs générique, indépendant de la structure logique du document source (dans le cas d'une page HTML).

Un point important à soulever concernant l'arbre de blocs est qu'il peut être vu et utilisé comme un pivot entre la page réelle et l'application d'indexation visée. Plus précisément, cela signifie deux choses : (i) que des arbres de blocs ayant des structures similaires (i.e sur lesquelles les mêmes règles peuvent s'appliquer) peuvent être associés à des documents totalement différents. Cela permet de réaliser une intégration de ces documents et de les considérer comme homogènes du point de vue d'une indexation particulière ; et (ii) plusieurs arbres de blocs différents peuvent être associés à un même document pour mettre en valeur une ou des propriétés particulières pour permettre ou faciliter l'expression des critères d'indexation.

Ainsi, nous verrons dans les sous-sections suivantes, deux exemples de schémas d'arbre de blocs, correspondant à deux applications différentes pour un même ensemble de documents : la recherche d'articles de journaux électroniques et la recherche d'images sur le Web.

Cas des pages de journaux électroniques

Les pages journaux électroniques contiennent souvent des articles et des dépêches concernant l'actualité.

Dans ce contexte et pour le cas simple d'une requête composée de deux termes, un moteur de recherche classique ne prenant en compte que le contenu textuel d'une page donnera probablement le même score à une page composée d'un article de deux paragraphes contenant chacun l'un des termes et à une autre page constituée de deux dépêches contenant chacune l'un des termes, et ce même si ce moteur intègre une notion de proximité entre les termes dans le document. Ce qu'il manque, c'est la possibilité d'exprimer que l'article est plus perméable à ses paragraphes que ne l'est la liste des dépêches à chacune d'entre elles. D'autres part, le titre de la page et un bandeau publicitaire n'ayant pas la même importance, le découpage en blocs permettra d'expliciter l'apport de chacun.

Ainsi, nous proposons d'étudier dans le contexte des journaux électroniques une application de recherche du meilleur point d'entrée. Il s'agira de retrouver des blocs (pages, articles, dépêches ou bien encore d'autres blocs à une granularité différente) correspondant le mieux à une requête donnée.

Nous avons choisi cette application car nous pensons qu'elle illustre les cas dans lesquels la mise en œuvre de notre proposition est utile et réaliste. En effet, en observant les sites de journaux électroniques comme le Figaro [2], le Monde [3] et Libération [4], on peut observer qu'il existe un ensemble de pages très semblables au sein de chaque site, mais aussi d'un site à l'autre. Chaque site de journal possède des pages d'articles, qui contiennent les détails des articles, ainsi qu'une suite de dépêches en rapport avec l'actualité. La définition d'une structure commune, de règles souples de transformation et d'indexation est donc possible et ne demande pas un travail colossal à l'administrateur du système pour permettre une recherche plus précise. La figure 4.2 montre l'exemple d'une page accueil d'un journal [5].

Afin d'indexer au mieux les différents blocs composant une page de journal électronique, notre approche permet de définir un schéma d'arbre de blocs correspondant à la description suivante : une page de journal électronique est constituée de plusieurs articles et dépêches. Les articles sont groupés ensemble, ainsi que les dépêches. Chaque article est composé d'un titre, éventuellement d'une image et

---
[2] http://www.lefigaro.fr
[3] http://www.lemonde.fr
[4] http://www.liberation.fr
[5] Pour des raisons de droit à la propriété intellectuelle, nous avons créé nos propres pages pour illustrer nos propos dans ce document.

CHAPITRE 4. UN SYSTÈME POUR L'EXTRACTION ET L'INDEXATION DE BLOCS

```
page : titre, articles, dépêches;
articles : (article)+;
dépêches : (dépêche)+;
article : titre, corps, (image)* ;
corps : (section)*;
section : (titre)?, (paragraphe)+ ;
dépêche : titre, corps, (image)* ;
```

FIGURE 4.11 – Schéma de l'arbre de blocs pour la recherche d'articles dans les journaux électroniques

d'un corps qui peut être lui même décomposé en plusieurs sections. Chaque section possède éventuellement un titre et un ou plusieurs paragraphe. Les dépêches, quant à elles, sont décomposées en un titre, un corps et éventuellement une image.

Pour représenter ces informations, les pages de site de journaux électroniques seront donc transformées en arbre de blocs vérifiant la grammaire décrite dans la figure 4.11. Cette décomposition permettra d'exploiter cette structure pour l'indexation et la recherche. L'application principale consiste donc en la recherche de ce que l'on appellera le « meilleur point d'entrée » dans le corpus d'articles de journaux électroniques. Il s'agira d'un bloc de profondeur quelconque dans l'arbre mais correspondant au mieux à la requête de l'utilisateur (une liste de termes).

La figure 4.4 montre une instance du modèle de représentation correspondant aux journaux électroniques, dont un exemple de page est fourni dans la figure 4.2.

Cas de la recherche d'image

Nous allons maintenant nous intéresser au problème de la recherche d'images contenues dans un corpus de page web (qu'il s'agisse des journaux électroniques du cas précédent ou non) en utilisant des requêtes composées de termes. On supposera que l'indexation « initiale » d'une image est soit vide, soit construite à partir de ses caractéristiques propres. Notre objectif sera de compléter cette indexation en utilisant les éléments de la page qui la contient. Pour préparer au mieux l'indexation, il est possible et souhaitable de choisir un modèle de représentation totalement différent de celui des journaux électroniques. En effet, rendre explicite les différents blocs utiles à l'indexation d'une image selon une heuristique permet de grandement simplifier l'expression des règles d'importance et de perméabilité.

La figure 4.12 présente une grammaire que vérifieront les arbres de blocs utilisés pour cette application. Le schéma induit par cette grammaire correspond au modèle de représentation que nous utiliserons dans le chapitre suivant pour indexer les images par perméabilité aux autres blocs de la page. Nous avons volontairement choisi une représentation très simple du contexte d'une image dans une page. L'arbre de blocs représente l'inclusion visuelle entre les blocs. Nous considérons chaque image comme un bloc qui possède un ensemble de blocs ancêtres (que nous appelons contextes), le plus proche étant sa légende (qui contient éventuellement du texte) et le plus lointain la page entière. Cette représentation nous permet d'envisager toutes sortes de règles lors de l'indexation. Certaines simples « l'image est plus perméable à sa légende qu'à la page entière » et d'autres plus complexe « l'image est plus perméable à son contexte propre le plus lointain (qui ne contient pas d'autre image) qu'à la page ». Une image peut donc être indexée en indiquant qu'elle est perméable de façon différente à la page entière, au titre de la page, à son contexte lointain (nous l'appellerons simplement son **contexte**) et à sa légende (son contexte le plus proche). La figure 4.13 montre les contextes des images sur une page ainsi que l'arbre de blocs respectant le schéma que nous venons de définir.

```
page : titre?, (contexte)*, (texte)?;
contexte : (texte)?, (contexte)?, (li)+;
li : (legende?, image);
```

FIGURE 4.12 – Schéma de l'arbre de blocs pour la recherche d'images

(a) Contexte des images de la page

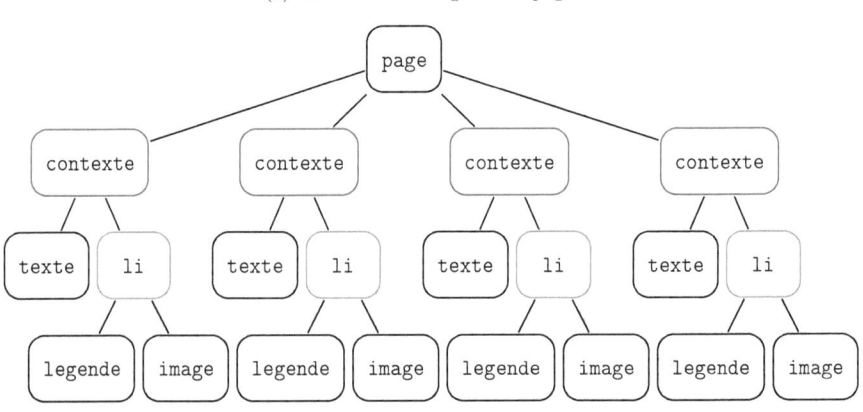

(b) Instance d'arbre de blocs correspondant au schéma d'indexation d'images

FIGURE 4.13 – Représentation des contextes des images

4.2.4 Segmentation des pages en arbres de blocs

Dans notre modèle, les pages sont représentées par un arbre de blocs. Il est possible de considérer cet arbre de blocs comme une hiérarchie correspondant à la perception visuelle qu'a un utilisateur de la page et dont les feuilles forment une partition de la page Web.

Dans cette section, nous présentons une variante d'un algorithme issu de techniques de segmentation d'image bitmap [Ha 1995] [6] et qui a déjà été adapté à la segmentation de page Web par les auteurs de [Simon 2005, Zou 2006] pour l'extraction de tables dans les pages Web. Cet algorithme permet de représenter la structure visuelle d'un document numérisé (comme par exemple une image bitmap) en un arbre hiérarchique, en segmentant au niveau des espaces blancs du document successivement sur les axes x et y. Les adaptations de cet algorithme s'appuient à la fois sur la représentation DOM de la page Web (c'est-à-dire sa structure logique) et sur son rendu dans un navigateur.

Pour guider la segmentation, le passage du DOM vers l'arbre de blocs s'effectue en plusieurs étapes :

- Identification des feuilles visuelles : cette étape consiste à chercher les éléments de l'arbre DOM qui constitueront les feuilles de l'arbre de blocs. Dans cette étape, l'arbre DOM de la page est réduit, pour ne conserver que les éléments qui feront partie de l'ensemble final des feuilles de l'arbre de blocs.

- Construction de la hiérarchie visuelle à partir des feuilles visuelles, à l'aide de l'algorithme XY-cut [Ha 1995] : cet algorithme top-down récursif prend en

---

[6]L'algorithme donné par [Ha 1995] dérive de l'algorithme récursif *X-Y cut* de [Nagy 1992], afin de segmenter les documents en utilisant des boîtes de composants connectés plutôt que des rectangles représentant chaque caractère.

CHAPITRE 4. UN SYSTÈME POUR L'EXTRACTION ET L'INDEXATION DE BLOCS

entrée l'ensemble des feuilles visuelles et permet de construire récursivement l'arbre de blocs visuels, en détectant les séparateurs entre les blocs au moyen d'espaces blancs trouvés entre chaque bloc.

Identification des feuilles visuelles

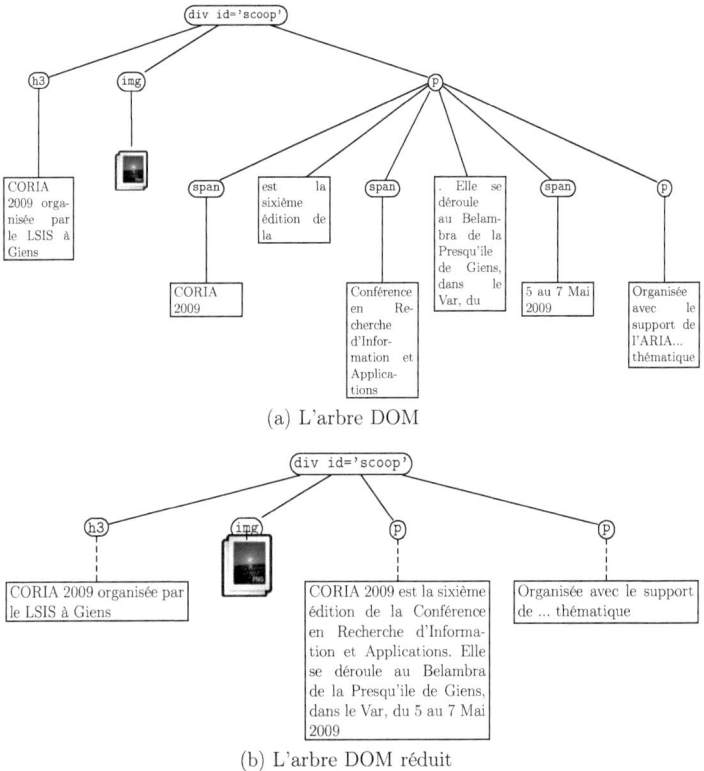

(a) L'arbre DOM

(b) L'arbre DOM réduit

FIGURE 4.14 – Réduction de l'arbre DOM correspondant au fragment de page de la figure 4.8

Une fois la page affichée dans le navigateur, son arbre DOM est réduit en groupant les feuilles visuelles F_d. Une feuille visuelle correspond à un élément dont le rendu forme une unité visuelle atomique, comme le contenu d'un paragraphe ou une image. Pour rester le plus indépendant possible de la structure de l'arbre DOM et du langage propre au document analysé (HTML, XHTML, XML...), nous déterminons l'ensemble des feuilles visuelles en utilisant le flot de disposition des boîtes CSS [7]. En accord avec la recommandation du W3C concernant le flot de disposition des boîtes CSS, deux types majeurs de dispositions sont spécifiés :

- Les éléments de niveau *block* : l'élément est disposé sous forme d'un bloc, créant une rupture de flot. Ainsi, un saut de ligne est généré avant l'élément de niveau *block* ainsi qu'après. Les éléments de niveau *block* se positionnent les uns au-dessous des autres.

- Les éléments de niveau *inline* : l'élément est placé sans rupture dans le flot qui le contient. Il n'y a aucun saut de ligne avant ou après. Les éléments de niveau *inline* se positionnent les uns à côté des autres.

La figure 4.14b montre un extrait d'arbre DOM qui a été réduit. Nous considérons les feuilles de cet arbre DOM comme l'ensemble des feuilles visuelles F_d nécessaires à la construction de l'arbre de blocs. Ces feuilles visuelles correspondent :

- aux éléments type *block* les plus profonds ne contenant pas d'autres éléments de type *block* du document initial,

- à la concaténation des éléments *inline* contenus dans un élément *block* jusqu'à ce qu'une rupture de flot soit rencontrée. Par exemple, dans la figure 4.14b, la feuille CORIA 2009 est la sixième édition ... du 5 au 7 Mai 2009 est une nouvelle feuille visuelle.

---
[7] http://www.w3.org/TR/REC-CSS2/visuren.html#normal-flow

Construction de l'arbre de blocs

L'arbre de blocs est construit à partir de l'ensemble des feuilles visuelles f_d déterminées précédemment, en détectant les séparations entre ces feuilles représentées par leur espacement.

Dans l'état de l'art, plusieurs méthodes ont été proposées pour réaliser une telle segmentation. Nous présentons des travaux autour des deux grandes approches que sont les heuristiques sur la structure et la segmentation purement visuelle.

Dans [Cai 2003], les auteurs proposent l'algorithme VIPS, basé sur l'analyse de l'arbre DOM des documents HTML. Un ensemble d'heuristiques permet de trouver les séparateurs adéquats nécessaires à la segmentation de la page. Ainsi, une hiérarchie de blocs est créé dans laquelle chaque bloc possède un degré de cohérence (DoC) représentant l'importance du bloc dans la page.

Les auteurs de [Simon 2005, Zou 2006] utilisent quant à eux un algorithme dérivé de celui de [Ha 1995]. Ils l'appliquent à l'extraction de table dans les pages Web. L'algorithme X-Y cut, provenant de la communauté OCR [8], sensible aux bruits sur les documents numérisés, est très performant dans le cas de documents non bruités comme le sont les pages Web mais ne permet (i) ni de donner une sémantique aux blocs intermédiaires, (ii) ni de contrôler la profondeur et surtout le détail de l'arbre. De ce fait, tous les blocs intermédiaires ne sont pas forcément importants dans la hiérarchie construite.

Notre approche s'inspire de celle proposée par [Zou 2006]. Toutefois, notre algorithme est indépendant du langage HTML puisque nous utilisons des propriétés génériques issues de CSS et fournies par le moteur de rendu. Il peut donc être utilisé pour des documents de différents formats du moment qu'ils peuvent s'afficher

---

[8]Optical Character Recognition

dans un navigateur. De plus, la réduction de l'arbre DOM par fusion des feuilles en simplifie la structure.

Nous utilisons nous aussi l'algorithme proposé par les auteurs de [Ha 1995]. Au départ, la racine de l'arbre de blocs correspond à la page. On construit pour cette racine un profil de projection horizontal où nous projetons chaque feuille de l'ensemble F_d sur un axe vertical. On repère sur le profil de projection les « creux » où l'accumulation de blocs est nulle, ce qui correspond à un espace blanc entre les blocs et donc une séparation visuelle. On segmente au niveau du creux le plus grand, en créant deux nouvelles zones autour du creux le plus grand. Le processus est répété en utilisant un profil de projection vertical qui permet de trouver les séparations verticales entre les feuilles.

Le processus est répété récursivement sur chaque nouvelle zone ainsi créée, en utilisant les feuilles visuelles appartenant à ces zones. On répète le processus sur chaque nouveau rectangle obtenu jusqu'à ce qu'aucun creux ne puisse être détecté. Il est possible de définir un seuil minimal pour la taille des creux afin d'ajuster la granularité de l'arbre de blocs. Ainsi, la segmentation s'arrête lorsqu'il n'y a plus de creux supérieur au seuil défini.

A la fin de la segmentation, nous obtenons un arbre de blocs hiérarchique qui représente l'inclusion visuelle entre les blocs appartenant à d.

La figure 4.15 montre l'arbre de blocs créé par notre algorithme de segmentation. Cet arbre correspond à l'article donné dans la figure 4.8. On peut constater que l'article (représenté par le bloc 1) contient trois blocs qui correspondent à son titre (bloc 2) , son image (bloc 3) et le corps de l'article (bloc 4). Le corps de l'article est lui même décomposé en deux paragraphes (blocs 5 et 6). Ces paragraphes, qui possèdent le même père (bloc 4), sont visuellement proches.

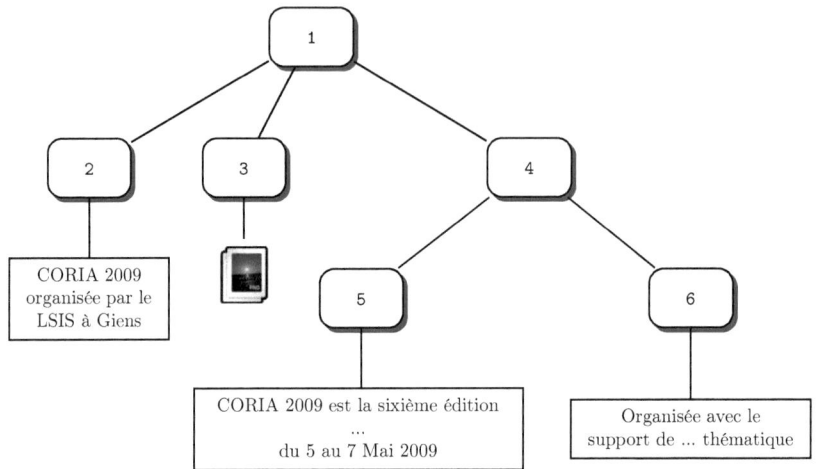

FIGURE 4.15 – Arbre de blocs construit automatiquement à partir des feuilles du DOM réduit de la figure 4.14b

En pratique, nous avons implanté notre proposition en Java. L'ensemble F_d est déterminé en utilisant l'interface JavaXPCOM qui permet de communiquer avec l'API du moteur de rendu de Mozilla (Gecko [9]) en Java. Nous avons choisi Gecko car il a l'avantage d'être tolérant aux fichiers comportant des erreurs de syntaxe (ce qui est souvent le cas dans les documents réels) et qu'il peut en corriger certaines, même si le fichier ne respecte pas forcément les standards du W3C.

4.2.5 Segmentation semi-automatique par transformation des pages en arbres de blocs

Comme nous l'avons vu au chapitre 3, les informations contenues dans les pages proviennent de sources d'information structurées, comme par exemple des bases

---
[9]http ://www.mozilla.org/newlayout/

de données relationnelles. Les pages sont souvent générées à partir de ces données au moyen de langages de script tels que PHP ou JSP.

Il existe donc souvent une structure ou un schéma « caché » derrière les pages. Il est évident que connaître une partie de la structure de ces données exprimée dans les pages nous permet d'exploiter pleinement les capacités de notre modèle. En effet, pour une application donnée, il est alors possible de définir des classes de pages ayant un schéma régulier. Ce schéma nous permet de donner une sémantique aux blocs visuels de la page comme nous l'avons vu dans la section 4.2.3 et de l'utiliser pour définir la perméabilité et l'importance. L'extraction d'information dans des pages Web est un domaine de recherche à part entière. Trouver de manière automatique un schéma commun à différentes pages est un problème difficile qui prend tout son sens dans le cas de documents appartenant à des domaines connexes. Il est alors intéressant de définir un schéma de représentation surtout dans le cas de sites Web comprenant un grand nombre de pages à la structure proche (c'est-à-dire un grand nombre de pages représentées par un petit nombre de classes de pages). Il est toujours possible de définir ce schéma commun de manière manuelle en veillant à ce qu'il soit adapté aux applications visées (dans notre cas principalement l'indexation).

En prenant en compte les limites de notre outil de segmentation automatique et l'intérêt de disposer d'une structure hiérarchique simple et précise pour exploiter le modèle BlockWeb, nous avons choisi de montrer qu'il était possible de définir relativement simplement des règles de transformation au moyen du langage XSLT. Celui-ci permet, à l'aide d'expressions de chemin dans un document semi-structuré, de filtrer des éléments d'un document XHTML et de les transformer, dans notre cas, en arbres de blocs.

Ainsi dans le prototype final, chaque page est transformée en un arbre de blocs grâce à une feuille de transformation XLST définie pour une classe de page. Ensuite chaque page est rendue visuellement par le moteur d'un navigateur. Pour chaque bloc, nous identifions dans la page les éléments qui le composent grâce aux pointeurs que nous avons gardés. Nous annotons le document XML représentant l'arbre de blocs avec les propriétés visuelles que nous récupérons grâce au navigateur [10]. Pour illustrer cela, nous donnons maintenant deux exemples de transformations manuelles à base de feuilles XSLT qui nous permettent de passer d'une page de journal électronique à un arbre de blocs correspondant aux schémas que nous avons définis dans la section 4.2.3.

Cas des journaux électroniques

La figure 4.16 montre le code source complet de la page Web représentée dans la figure 4.2. Grâce à la feuille de transformation XSLT donnée par la figure 4.17, nous obtenons l'arbre de blocs représenté au format XML, que nous avons ensuite annoté de manière automatique grâce à son rendu (Figure 4.18). La feuille de transformation XSLT de la figure 4.17 contient quatre grandes règles de transformation (les éléments `xsl:template`). La première permet d'identifier le bloc correspondant à la page. La seconde de sélectionner les éléments correspondant aux **articles** et **dépêches** et de créer les blocs associés. La troisième d'identifier et de créer les blocs **article**. La quatrième de faire de même avec chaque **dépêche**. Les règles restantes sont des fonctions XSLT permettant entre autre de récupérer les chemin XPath de chaque élément HTML correspondant à un bloc, ou encore de récupérer et de formater le contenu textuel des blocs feuille.

---

[10] Nous avons choisi le moteur de rendu Gecko, utilisé dans le navigateur Firefox

4.2. TRANSFORMATION DE PAGES EN ARBRES DE BLOCS

```html
<html xmlns="http://www.w3.org/1999/xhtml" xml:lang="fr" lang="fr">
  <head>
    <meta http-equiv="Content-Type" content="text/html; charset=UTF-8" />
    <title>Mon journal - Accueil</title>
    <link type="text/css" href="./monblog.css" rel="stylesheet" />
  </head>
  <body >
    <div id="document">
      <div id="header"><h1>Mon journal</h1><h2>Accueil</h2></div>
      <div id="corps">
        <div id="articles">
          <div class=' article ' id='scoop'><h3>CORIA 2009 organisée par le LSIS à Giens.</h3>
            <img class="imgfull" src="img/coria.jpg" alt="CORIA à Giens" />
            <p><span style="font-weight: bold;">CORIA 2009</span> est la sixième édition de la
              <span style="font-style: italic;">Conférence en Recherche d'Information et Applications<
              /span>. Elle se déroule au Belambra de la Presqu'île de Giens, dans le Var du <span style="
              font-weight: bold;">5 au 7 mai 2009</span>.</p>
              <p>Organisée avec le support de l'ARIA (Association francophone de Recherche d'Information
                et Applications) CORIA est le point de rassemblement de la communauté francophone
                en recherche d'information et constitue un lieu de rencontre  privilégié  pour les
                chercheurs du domaine. Elle se veut largement ouverte à l'ensemble de la communauté
                scientifique concernée par cette thématique.</p>
          </div>
          <div class=' article '><h3>INFORSID 2009</h3>
            <p><span style="font-weight: bold;">XXVII<sup>ème</sup> Congré -</span> L'
              édition 2009 se tiendra du 26 au 29 mai 2009 à Toulouse. Son objectif est de rassembler la
              communauté scientifique francophone en Bases de Données et en Systèmes d'Information pour
              faire un état de l'art des recherches actuelles et faire éventuellement émerger des problématiques
              nouvelles . </p>
          </div>
        </div>
        <div id="news">
          <div class='newsItem'><h3>MajecSTIC 2008 s'est déroulé à Marseille</h3>
            <img class="imgfull" alt='MajecSTIC 2008 à Marseille' src='img/majecstic.png' height="100px"
              />
            <p>La 6ème édition de <span style="font-weight: bold;">MajecSTIC</span>
              (<span style="font-style: italic;">Manifestation des Jeunes Chercheurs en Sciences et
                Technologies de l'Information et de la Communication</span>) s'est déroulée à Marseille du <
              span style="font-weight: bold;">29 au 31 Octobre</span>.</p>
          </div>
          <div class='newsItem'><img class="imgsmall" alt='Tux' src='tux.png'/>
            <h3>GNU/Linux</h3>
            <p>Le fameux système d'exploitation représenté par un pinguin (GNU/Linux) est un système d'
              exploitation  libre .</p>
          </div>
          <div class='newsItem'><img class="imgsmall" alt='Le gnou, symbole du projet GNU' src='gnu.png'
              />
            <h3>Les animaux : îcones du monde libre</h3><p>Les logiciels libres aiment les animaux.</p>
          </div>
        </div>
      </div>
    </div>
  </body>
</html>
```

FIGURE 4.16 – Code HTML de la page Web donnée dans la figure 4.2

```xml
<?xml version="1.0" ?>
<xsl:stylesheet version="2.0"
  xmlns:xsl="http://www.w3.org/1999/XSL/Transform" xmlns:xhtml="http://www.w3.org/1999/xhtml">
  <xsl:output method="xml" indent="yes" />
  <xsl:param name="docUri"/>  <xsl:param name="docId"/>

  <xsl:template match="/">
    <block-document xmlns="http://lsis.univ-tln.fr/BlockWeb" id="{$docId}" uri="{$docUri}">
      <block id="{$docId}#{generate-id(/xhtml:html/xhtml:body)}" label="page" xpath="/html/body" >
        <block id="{$docId}#{generate-id(/xhtml:html/xhtml:body//xhtml:div[@id='articles'])}" xpath="/
            html/body/div[@id='articles']" label="articles">
          <xsl:apply-templates select="//xhtml:div[@id='articles']/xhtml:div[@class='article']" />
        </block>
        <block id="{$docId}#{generate-id(/xhtml:html/xhtml:body//xhtml:div[@id='news'])}" xpath="html/
            body/div[@id='news']" label="news">
          <xsl:apply-templates select="//xhtml:div[@id='news']/xhtml:div[@class='newsItem']" />
        </block>
      </block>
    </block-document>
  </xsl:template>

  <xsl:template match="xhtml:div[@class='article']">
    <xsl:variable name="path">/html/body/div[@id='articles']/div[@class='article'][<xsl:value-of select="
        position()" />]</xsl:variable>
    <block id="{$docId}#{generate-id(.)}" xpath="{$path}" label="article">
      <block label="title" id="{$docId}#{generate-id(./xhtml:h3)}" xpath="{$path}/h3">
        <content-text><xsl:apply-templates select="xhtml:h3"/></content-text>
      </block>
      <block label="body" id="{$docId}#{generate-id(./xhtml:p[1])}" xpath="{$path}/p">
        <content-text><xsl:apply-templates select="xhtml:p" mode="ft" /></content-text>
      </block>
      <xsl:if test="xhtml:img">
        <block label="img" id="{$docId}#{generate-id(./xhtml:img)}" xpath="$path/img" src="{xhtml:img
            /@src}" >
          <content-text><xsl:value-of select="xhtml:img/@alt"/></content-text>
        </block>
      </xsl:if>
    </block>
  </xsl:template>

  <xsl:template match="xhtml:div[@class='newsItem']">
    <block id="{$docId}#{generate-id(.)}" xpath="/html/body/div[@id='news']/div[@class='newsItem'][{
        position()}]" label="newsItem">
      <content-text><xsl:apply-templates select="xhtml:*" mode="ft" /></content-text>
    </block>
  </xsl:template>
  ...
</xsl:stylesheet>
```

FIGURE 4.17 – Feuille de transformation XSLT pour le schéma de représentation des articles de journaux électroniques

```xml
<?xml version="1.0" ?>
<block-document xmlns="http://lsis.univ-tln.fr/BlockWeb" id="accueil"
    uri="http://monjournal.fr/accueil.html">
  <block id="accueil.html#d1e15" label="page" xpath="/html/body">
    <block id="accueil.html#d1e34" xpath="/html/body/div[@id='articles']" label="articles">
      <block id="accueil.html#d1e36" xpath="/html/body/div[@id='articles']/div[@class='
          article'][1]" label="article">
        <block label="title" id="accueil.html#d1e38"
            xpath="/html/body/div[@id='articles']/div[@class='article'][1]/h3">
          <content-text>CORIA 2009 organisée par le LSIS à Giens.</content-text></block>
        <block label="body" id="accueil.html#d1e43"
            xpath="/html/body/div[@id='articles']/div[@class='article'][1]/p">
          <content-text>CORIA 2009 est la sixième édition de la Conférence en Recherche d'Information
              et Applications .(...) Elle se veut largement ouverte à l'ensemble de la communauté
              scientifique concernée par cette thématique. </content-text>
        </block>
        <block label="img" id="accueil.html#d1e41" xpath="$path/img" src="img/coria.jpg">
          <content-text>CORIA à Giens</content-text></block>
      </block>
      <block id="accueil.html#d1e58" xpath="/html/body/div[@id='articles']/div[@class='
          article'][2]" label="article">
        <block label="title" id="accueil.html#d1e60"
            xpath="/html/body/div[@id='articles']/div[@class='article'][2]/h3">
          <content-text>INFORSID 2009</content-text></block>
        <block label="body" id="accueil.html#d1e63"
            xpath="/html/body/div[@id='articles']/div[@class='article'][2]/p">
          <content-text>XXVII ème Congré — L'édition 2009 se tiendra du 26 au 29 mai 2009 à
              Toulouse. Son objectif est de rassembler la communauté scientifique francophone en Bases
              de Données et en Systèmes d'Information pour faire un état de l'art des recherches
              actuelles et faire éventuellement émerger des problématiques nouvelles . </content-
              text>
        </block>
      </block>
    </block>
    <block id="accueil.html#d1e74" xpath="html/body/div[@id='news']" label="news">
      <block id="accueil.html#d1e76" xpath="/html/body/div[@id='news']/div[@class='
          newsItem'][1]" label="newsItem">
        <content-text>MajecSTIC 2008 s'est déroulé à Marseille La 6ème édition de MajecSTIC (
            Manifestation des Jeunes Chercheurs en Sciences et Technologies de l'Information et de la
            Communication ) s'est déroulée à Marseille du 29 au 31 Octobre . </content-text>
      </block>
      <block id="accueil.html#d1e96" xpath="/html/body/div[@id='news']/div[@class='
          newsItem'][2]" label="newsItem">
        <content-text>GNU/Linux Le fameux système d'exploitation représenté par un pinguin (GNU/
            Linux) est un système d'exploitation libre . </content-text></block>
      <block id="accueil.html#d1e107" xpath="/html/body/div[@id='news']/div[@class='
          newsItem'][3]"
          label="newsItem">
        <content-text>Les animaux : îcones du monde libre Les logiciels libres aiment les animaux.
            </content-text></block>
    </block>
  </block>
</block-document>
```

FIGURE 4.18 – Arbre de blocs de la page, annoté par les propriétés visuelles

Cas de la recherche d'image

Pour la recherche d'image, nous proposons de transformer chaque page selon le schéma de représentation des images. Ainsi, la page est transformée pour prendre en compte les différents contextes de chaque image, comme nous l'avons défini dans la section 4.2.3. Pour cela, nous utilisons une feuille de transformation générique, applicable à n'importe quelle page Web. Celle-ci est donnée dans la figure 4.19. Elle identifie pour chaque image son contexte ainsi que sa légende. Elle permet aussi d'obtenir le titre de la page ainsi que tous les blocs `texte` de la page.

Son fonctionnement peut être résumé par l'algorithme suivant :

4.3 Construction déclarative du graphe IP

Dans notre modèle, l'indexation des blocs dépend de l'importance visuelle de chaque bloc ainsi que de la perméabilité entre les blocs. Nous réintroduisons ces deux concepts dans la sous-section suivante, pour montrer que la détermination de ces paramètres n'est pas évidente mais qu'il peut exister des règles heuristiques concernant les paramètres d'indexation, pouvant dépendre de l'application envisagée. C'est pourquoi nous avons créé le langage XIML, qui permet à l'administrateur du système d'exprimer ces règles en fonction de l'application, afin de générer automatiquement les paramètres d'indexation pour chaque page Web indexée dans notre système.

Notre propos ici n'est pas de définir des heuristiques visuelles permettant une meilleure indexation mais de montrer en utilisant des exemples simples comment notre système peut être utilisé pour exprimer ces heuristiques et pour les valider sur des corpus réels.

```xml
<?xml version="1.0" ?>
<xsl:stylesheet version="2.0" xmlns:xsl="http://www.w3.org/1999/XSL/Transform"
 xmlns:xhtml="http://www.w3.org/1999/xhtml"><xsl:output method="xml" indent="yes" />
  <xsl:param name="docUri"/> <xsl:param name="docId"/>
  <xsl:include href="utils.xsl"/>
  <xsl:template match="/">
    <block-document xmlns="http://lsis.univ-tln.fr/blockWeb" id="{$docId}" uri="{$docUri}">
      <block label="page" id="{$docId}#{generate-id(/html/body)}" xpath="/html/body">
        <block label="title" id="{$docId}#{generate-id(/html/head/title)}" xpath="/html/head/title">
          <content-text><xsl:value-of select="/xhtml:html/xhtml:head/xhtml:title"/></content-text>
        </block>
        <xsl:call-template name="context"><xsl:with-param name="elt" select="/xhtml:html/xhtml:body
          "/>
        </xsl:call-template>
      </block>
    </block-document>
  </xsl:template>
  <xsl:template name="context">
    <xsl:param name="elt"/>
    <xsl:choose>
      <!-- si l'élément ne contient qu'un descendant possédant une image, il est le contexte
           lointain de cette image -->
      <xsl:when test="count($elt/descendant-or-self::*[xhtml:img[@context]])=1">
        <!-- la récursion s'arrête dans ce test -->
        <block id="{$docId}#{generate-id($elt)}" label="context">
          <xsl:attribute name="xpath"><xsl:call-template name="getXPath"/></xsl:attribute>
          <xsl:call-template name="textblock" />
          <xsl:for-each select="$elt//xhtml:img[@context]"><xsl:call-template name="imageblock"/>
          </xsl:for-each>
        </block>
      </xsl:when>
      <!-- Si l'élément contient des images, il est le contexte parent de l'image -->
      <!-- le contexte le plus lointain de ces images correspond à leur père -->
      <xsl:when test="$elt/xhtml:img[@context]">
        <block id="{$docId}#{generate-id($elt)}" label="context">
          <xsl:call-template name="xpathAttribute"/>
          <xsl:for-each select="$elt/xhtml:img[@context]"><xsl:call-template name="imageblock"/>
          </xsl:for-each>
          <xsl:for-each select="$elt/child::node()">
            <xsl:call-template name="context"><xsl:with-param name="elt" select="."/>
            </xsl:call-template></xsl:for-each>
        </block>
      </xsl:when>
      <xsl:when test="$elt[.//xhtml:img[@context]]">
        <xsl:for-each select="$elt/child::node()">
          <xsl:call-template name="context"><xsl:with-param name="elt" select="."/>
          </xsl:call-template></xsl:for-each>
      </xsl:when>
      <!-- Sinon, l'élement ne contient pas d'image -->
      <xsl:otherwise><xsl:call-template name="textblock" /></xsl:otherwise>
    </xsl:choose>
  </xsl:template>
</xsl:stylesheet>
```

FIGURE 4.19 – Feuille de transformation XSLT pour le schéma de représentation des images

4.3.1 Motivation : calculer l'Importance et la Perméabilité

Nous venons de voir que l'utilisation du rendu visuel nous permet de représenter les pages par un arbre de blocs. Cette transformation permet de conserver et de rendre explicite les propriétés visuelles des éléments de pages Web.

Nous pensons que certaines de ces propriétés peuvent permettre à l'utilisateur de calculer l'importance de ces blocs. Ainsi, on peut souvent observer que certains blocs d'une page se ressemblent ou jouent des rôles similaires mais n'ont pas le même rendu, ce qui leur confère des statuts différents. Par exemple, classiquement sur la page d'accueil de sites d'information on trouve une liste d'extraits d'articles. Certains ont des extraits plus longs ou occupent plus de surface à longueur de texte égale (fonte ou marges plus importantes, ...), on peut choisir d'en déduire qu'ils sont plus importants. Il ne s'agit bien sûr que d'un exemple et on pourrait faire le choix d'exprimer l'importance non pas comme une fonction de la surface mais comme une fonction de la densité d'un bloc c'est-à-dire du rapport entre la surface et le nombre de caractères du texte qu'il contient.

Il est important de noter que le choix que nous avons fait de rendre explicites les propriétés visuelles dans l'arbre de blocs permet de disposer d'informations concernant la structure, le contenu et le rendu visuel sous une forme homogène, ce qui autorise une grande liberté dans l'expression de l'importance ou de la perméabilité en fonction de ces critères.

Rappelons que la perméabilité représente la transmission de contenu d'un bloc vers un autre. Lorsque le blocs b_i est perméable au bloc b_j, cela veut dire que b_j propage, avec un certain coefficient (le coefficient de perméabilité) son index à b_i. Nous pensons aussi que la perméabilité entre les différents blocs peut être exprimée par un ensemble de règles pouvant être définies de manière heuristique (voire de manière automatique par apprentissage) en s'appuyant sur la structure et le contenu de l'arbre de blocs.

En effet, l'arbre de blocs nous permet d'exprimer des relations particulières entre les blocs. Il s'agit habituellement de la relation d'inclusion visuelle mais ce n'est pas une obligation. L'administrateur du système est libre de définir le sens de la structure hiérarchique qu'il souhaite utiliser.

Classiquement, cette structure va ensuite être utilisée pour définir l'existence d'une perméabilité entre blocs, ainsi que son coefficient. Cela peut être simplement de définir qu'il existe une perméabilité de 1 depuis tout bloc vers son père dans la hiérarchie de blocs pour permettre d'indexer les blocs intermédiaires de l'arbre de blocs (qui ne contiennent par forcément de texte) en « propageant » l'indexation à partir des feuilles. La valeur même du coefficient de perméabilité peut aussi être calculée en fonction de la distance entre les blocs dans l'arbre.

Mais il existe aussi des relations de perméabilité purement sémantiques qui ne dépendent pas des relations d'inclusion ou de distance. Par exemple, on peut considérer que chaque bloc d'une page est perméable avec le même coefficient au bloc `titre` de la page, ou plus généralement « Chaque bloc de label c_1 est perméable aux blocs de label c_2 avec un coefficient égal à la distance d'arbre entre ces blocs ».

Ainsi, la perméabilité nous permet de prendre en compte les différents types de relations qui existent entre les blocs, telles que : (i) la relation d'inclusion visuelle, (ii) la relation de proximité visuelle, et (iii) toutes relations qui peuvent être exprimées en utilisant conjointement la sémantique (à travers les labels des blocs), la structure hiérarchique de l'arbre de blocs, les valeurs des propriétés visuelles et le contenu textuel des blocs.

Il est important de noter que ces relations d'importance et de perméabilité peuvent être appliquées à tous types de blocs qu'ils contiennent du texte ou non. Cela permet par exemple de définir très proprement la façon dont les différents composants d'une page permettent d'indexer des blocs non textuels (images, vidéos, ...).

4.3.2 XIML : un langage pour la génération des paramètres d'indexation

Afin de paramétrer facilement l'indexation des documents d'une même collection, nous avons défini un langage : XML Indexing Management Language (XIML). Une feuille XIML fonctionne comme une feuille de style, mais est dédiée à l'indexation : elle s'applique à la représentation XML des blocs et produit les matrices d'importance ALPHA et de perméabilité BETA. Une même feuille d'indexation permet de créer des règles génériques, applicables sur un ensemble de documents, et produisant les matrices propres à chaque document.

Ces règles permettent (i) de sélectionner des ensembles de blocs et de leur affecter une importance grâce à des expressions de chemins exprimées sur l'arbre de blocs et (ii) de définir des familles d'arc de perméabilité en sélectionnant des ensembles de blocs sources, des ensembles de blocs destinations et de les étiqueter par une valeur calculée. Pour rester conforme aux standards de l'univers XML, nous avons choisi de nous appuyer sur le langage XPath.

Définition du langage XIML

Formellement, soit $T(d)$ la représentation en arbre de blocs d'un document d. Nous pouvons définir deux fonctions : $val(p, b)$ dont la valeur est l'évaluation de l'expression de chemin p, dans le contexte $T(d)$ (un ensemble de blocs), où b est un bloc, et $pos(b)$ dont la valeur est la position en pré-ordre du bloc b dans l'arbre.

Une instance XIML est le couple $(\mathcal{A}, \mathcal{B})$ où $\mathcal{A}$ est un ensemble de règles utilisées pour calculer l'importance α de chaque bloc et $\mathcal{B}$ un ensemble de règles permettant de calculer la perméabilité entre blocs.

- $\mathcal{A}$ est une liste de paires (p_i, v_i) où p_i est un chemin de localisation et v_i est une expression de chemin (absolue ou relative aux blocs sélectionnés par p_i)

- $\mathcal{B}$ est une liste de triples (s_i, d_i, v_i) où s_i est un chemin de localisation, t_i est un chemin de localisation (absolu ou relatif aux blocs sélectionnés par s_i) et v_i est une expression de chemin (absolue ou relative aux blocs sélectionnés par t_i)

Nous proposons une syntaxe XML pour décrire les feuilles XIML. Les figures 4.21 et 4.20 montrent deux exemples. Dans un document XIML, l'élément `Alpha` (correspondant à $\mathcal{A}$) contient une séquence de sélecteurs d'items qui sélectionne un ensemble de blocs et leur affecte une importance. Chaque sélecteur récupère une séquence de blocs en utilisant une expression de chemin absolu XPath (attribut `select`). La valeur d'importance $\alpha(b)$ de chaque bloc b sélectionné est calculée par une autre expression de chemin XPath absolue ou relative à b (attribut `value`). Si un bloc est sélectionné plus d'une fois, la dernière expression est prioritaire. Ce fonctionnement est formalisé par l'algorithme 1.

CHAPITRE 4. UN SYSTÈME POUR L'EXTRACTION ET L'INDEXATION DE BLOCS

Algorithme 1 Calcul de la matrice d'importance $ALPHA$
---
  pour chaque paire (p_i, v_i) de $\mathcal{A}$ **faire**
    pour chaque séquence de blocs s sélectionnée dans $T(d)$ par le chemin p_i **faire**
      pour chaque bloc b dans s **faire**
        $ALPHA[pos(b), pos(b)] \leftarrow number(val(v_i, b))$
      fin pour
    fin pour
  fin pour

L'élément `Beta` (correspondant à $\mathcal{B}$) contient une séquence de relations. Un relation est composée de trois expressions XPath : source (`source`), cible (`target`) et valeur (`value`). Chaque relation ajoute un ensemble d'arcs au graphe IP pour représenter la perméabilité $\beta(s, t) = val(value(s, t))$ pour chaque bloc s sélectionné par l'attribut `source` et chaque bloc t sélectionné par l'attribut `target` (la cible peut être un chemin relatif à s, ou bien absolu). L'expression donnée dans l'attribut `value` permet de calculer la valeur du coefficient de perméabilité entre les sources et leurs destinations. L'expression contenue dans l'attribut `value` peut utiliser les variables prédéfinies `$target` et `$source` correspondant respectivement à t et s. Si un arc est sélectionné (c'est-à-dire une perméabilité de la même source vers la même destination) plus d'une fois, la dernière valeur est prioritaire. Ce fonctionnement est formalisé par l'algorithme 2.

Algorithme 2 Calcul de la matrice $BETA$
---
  pour chaque triple (s_i, d_i, v_i) dans $\mathcal{B}$ **faire**
    pour chaque séquence de blocs *sources* sélectionnée dans $T(d)$ par le chemin s_i **faire**
      pour chaque séquence de blocs *destinations* sélectionnée dans $T(d)$ par le chemin td_i dans le contexte de *sources* **faire**
        pour chaque blocs sn dans *sources* **faire**
          pour chaque bloc dn dans *destinations* **faire**
            $BETA[pos(sn), pos(dn)] \leftarrow number(val(v_i, sn))$
          fin pour
        fin pour
      fin pour
    fin pour
  fin pour

```xml
1   <?xml version='1.0'?>
2   <XIML>
3    <Alpha>
4     <!-- L'importance par défaut des blocs est de 1 -->
5     <ItemSelector select="//block" value="1" />
6     <!-- L'importance des titres des articles est de 2 -->
7     <ItemSelector select="//block[@label='article']/block[@label='title']"
           value="2"/>
8     <!-- L'importance d'un article est proportionnelle à sa surface-->
9     <ItemSelector select="//block[@label='article']"
10       value="@area div sum(../block[@label='article']/@area) * count(../
           block[@label='article'])"/>
11   </Alpha>
12
13   <Beta>
14    <!-- Chaque bloc est perméable à ses fils -->
15    <Relation source='//block' target='parent::*' value='1'/>
16   </Beta>
17  </XIML>
```

FIGURE 4.20 – Feuille d'indexation XIML utilisée pour une indexation hiérarchique, prenant en compte une importance manuelle et une importance spatiale des blocs

Exemples d'utilisation de XIML

Dans cette section, nous présentons deux exemples simples d'utilisation de XIML pour définir une stratégie d'indexation.

Le premier exemple, présenté dans la figure 4.20, s'applique aux documents dont le schéma est celui des journaux électroniques (voir section 4.2.3). Dans cet exemple, nous montrons comment l'importance peut être définie de deux manières : soit littérale, en fixant des valeurs pour certains blocs, soit calculée (ici en utilisant la surface des blocs). La perméabilité, quant à elle, est exprimée simplement sur l'arbre de blocs pour définir une relation de propagation hiérarchique (des fils vers leur parent) des index, ce qui correspond donc à une indexation par héritage hiérarchique.

Rappelons que les paramètres d'importance sont exprimés dans l'élément `Alpha`. Chaque règle est donnée dans un élément `ItemSelector`. Le premier élément `ItemSelector` (lg 5) sélectionne tous les blocs grâce à l'expression de chemin XPath donnée dans l'attribut `source` et définit pour chacun des blocs sélectionnés une valeur d'importance égale à 1 donnée par l'attribut `value`. Cette première règle indique en fait une valeur par défaut pour tous les blocs du document.

La seconde règle (lg 7) définit une exception pour les blocs `titre` des `article` en affectant une importance de 2 aux `titre`.

Enfin, la dernière (lg 9) montre comment XPath peut être utilisé dans l'attribut `value` pour calculer l'importance des blocs `article` de manière dynamique en fonction de leur propriétés visuelles. Ici, pour chaque `article`, l'importance est définie de manière proportionnelle à sa surface : on sélectionne sa surface, donnée par l'attribut `@aera`, que l'on divise par la surface moyenne de tous les articles qui ont le même bloc parent : `sum(../Block[@label='article']/@aera)` fait la somme des surfaces de tous les blocs `article` qui ont le même parent, et `count(../Block[@label='article'])` compte le nombre de blocs `article` qui ont le même parent.

Concernant la perméabilité exprimée dans l'élément `Beta`, la seule relation (donnée dans l'élément `Relation` à la ligne 14) indique que chaque bloc est perméable à son fils : l'expression de chemin XPath contenue dans l'attribut `source` indique ici la sélection de tous les blocs. Leur cible, donnée dans l'attribut `target` est le père de chaque bloc sélectionné (c'est-à-dire chaque bloc propage son index à son père avec une perméabilité de 1). On peut constater que l'expression de chemin XPath contenue dans l'attribut `target` est relative à celle contenue dans l'expression `source`.

4.3. CONSTRUCTION DÉCLARATIVE DU GRAPHE IP

```
1   <?xml version='1.0'?>
2   <!-- Indexation des images, par partionnement de la page -->
3   <XIML xmlns="http://lsis.univ-tln.fr/BlockWeb/ximl/v1.0">
4     <Alpha>
5       <!-- L'importance de chaque bloc est égale à 1 -->
6       <ItemSelector select="//*:block" value="1" />
7     </Alpha>
8
9     <Beta>
10      <!-- La page est perméable à tous les blocs textes qui ne sont pas dans le context
            d'une image -->
11      <Relation source="//block[@label='text'][not(ancestor-or-self::block[
            @label='context'])]" target="//block[@label='page']" value='1' />
12
13      <!-- Les blocs context sont perméables aux blocs textes qui sont leur fils direct
            -->
14      <Relation source="//block[@label='context']/block[@label='text']"
15        target="./parent::block" value='1' />
16
17      <!-- Les images sont perméables à la page -->
18      <Relation source="//block[@label='page']"
19        target="//block[@label='img']" value='1' as="page2img" />
20
21      <!-- Les images sont perméables au titre de la page -->
22      <Relation source="//block[@label='page']/block[@label='title']"
23        target="//block[@label='img']" value='1' as="title2img" />
24
25      <!-- Les images sont perméables à leur contexte -->
26      <Relation source="//block[@label='context']"
27        target="./block/block[@label='img']" value='1' as="context2img" />
28
29      <!-- Les images sont perméables à leur légende -->
30      <Relation source="//block[@label='legend']"
31        target="./block[@label='img']" value='1' as="legend2img" />
32    </Beta>
33  </XIML>
```

FIGURE 4.21 – Feuille d'indexation XIML utilisée l'indexation d'images

Le second exemple, donné dans la figure 4.21, peut s'appliquer aux pages de journaux de l'exemple précédent ou à toute autre page transformée en un arbre de blocs valides par rapport aux schéma utilisé pour la recherche d'images (voir section 4.2.3).

Les paramètres d'importance sont exprimés dans l'élément `Alpha`. Le seul élément `ItemSelector` met l'importance à 1 pour tous les blocs (lg 6).

Concernant la perméabilité (élément `Beta`), la première relation (lg 11) permet d'indexer la page en la rendant perméable à tous les blocs `texte` qui ne sont pas contenus dans un ancêtre de l'image (bloc `context`). La seconde relation (lg 14) indique que les blocs `context` (les ancêtres d'une image) sont perméables à leur fils. De façon littérale, cette relation indique que tout bloc `text` fils d'un bloc `context` (la destination) est la source d'un arc de perméabilité.

Les troisième, quatrième, cinquième et sixième relations indiquent que l'image est perméable à la page (lg 17), au titre de la page (lg 20), à leur contexte (lg 23) et à leur légende (lg 26).

La figure 4.22 montre le graphe IP résultant de l'application de la feuille d'indexation XIML donnée sur la figure 4.21 [11]. Le chapitre suivant (chapitre 5) détaille cette indexation.

Il est important de noter la présence d'un nouvel attribut dans les quatre derniers éléments `Relation`. L'attribut `as` peut être utilisé dans les éléments `ItemSelector` ou `Relation`. Il permet de nommer une valeur d'importance ou une relation de perméabilité et par conséquent la valeur d'un ou plusieurs coefficients α_i ou $\beta_{i,j}$. De façon concrète, cela peut être vu après le calcul des matrices ALPHA et BETA comme des variables dans les matrices avec une valeur par

---

[11]L'arbre de blocs a été simplifié pour ne montrer qu'une image, afin que le graphe IP reste lisible.

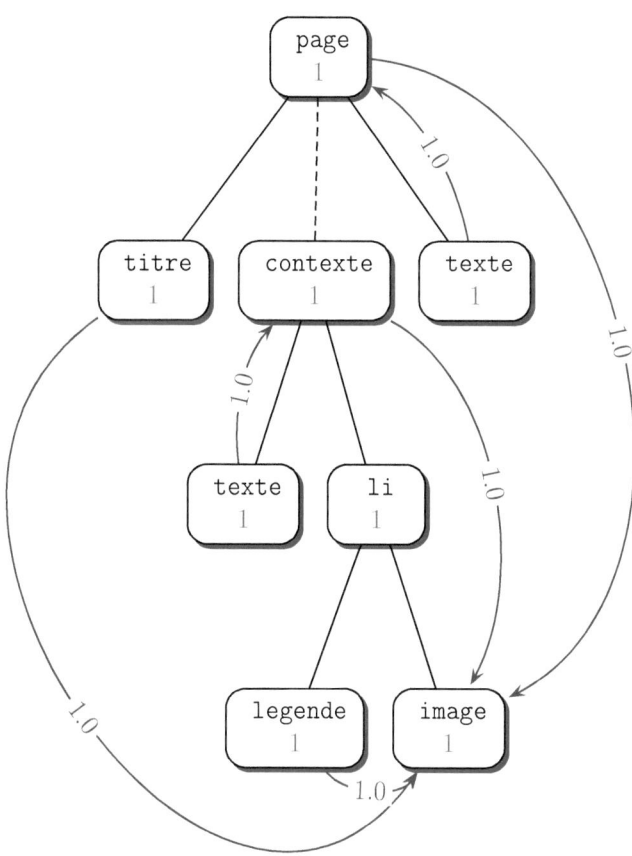

FIGURE 4.22 – Graphe IP résultant de l'application de la feuille d'indexation XIML donnée sur la figure 4.21

défaut (celle l'attribut `value`). Les matrices ALPHA et BETA concernant un document peuvent donc être paramétrées par les valeurs différentes de l'attribut `as` sans devoir être recalculées. C'est essentiel, comme nous le verrons par la suite, pour pouvoir utiliser efficacement des méthodes d'apprentissage pour optimiser certaines valeurs des coefficients (ici *page2img*, *title2img*, *context2img* et *legend2img*, qui sont respectivement les perméabilités d'une image à la page, au titre de la page, à son contexte et à sa légende).

4.4 Conclusion

Dans ce chapitre, nous avons proposé une architecture pour l'extraction et l'indexation de blocs conforme au modèle BlockWeb.

Nous avons vu que l'analyse de la structure d'une page ne suffit pas toujours à déterminer les relations entre les éléments de cette page. En effet, la structure visuelle diffère parfois de la structure logique d'un même document. Il semble donc judicieux de modéliser une page Web en fonction de la perception qu'a un utilisateur plutôt qu'en fonction de sa structure logique. De plus, le fait d'utiliser un modèle de représentation abstrait, basé sur la structure visuelle de la page, permet de représenter un ensemble de pages ayant une structure visuelle proche et donc probablement une sémantique semblable, mais ayant une structure logique hétérogène. Nous avons donc proposé deux méthodes d'extraction de blocs à partir des pages.

La première se base sur la structure de l'arbre DOM mais, contrairement aux approches étudiées dans l'état de l'art, elle ne s'appuie pas sur le nom des éléments rencontrés mais sur leurs propriétés visuelle fournies en CSS par le moteur de rendu d'un navigateur. Cet algorithme top-down est très performant, même si il

4.4. CONCLUSION

est ralenti par le temps de rendu de la page dans un navigateur. Cette approche à l'avantage d'être totalement automatique mais les nœuds de l'arbre de blocs ne possèdent pas de sémantique précise et il est fréquent que la profondeur de l'arbre soit grande et que la granularité ne soit pas optimale.

Nous avons donc proposé une seconde approche semi-automatique basée sur la transformation des pages en arbres de blocs ayant un schéma prédéfini. Nous avons proposé deux schémas de représentation correspondant à deux applications distinctes : l'indexation et la recherche (i) d'articles de journaux électroniques et (ii) d'images dans des pages Web.

Concernant l'indexation des blocs, nous pensons qu'il existe un ensemble de règles heuristiques conditionnant l'importance des blocs et leur perméabilité aux autres blocs d'une même page. Notre objectif était donc de proposer un outil permettant d'exprimer les conditions d'existence d'une relation de perméabilité entre deux blocs et de calculer la valeur de son coefficient en fonction de règles exprimées sur l'arbre de blocs, que ces règles portent sur la structure d'inclusion des blocs, sur la sémantique des blocs, leurs propriétés ou encore leur contenu. Pour cela, nous avons proposé le langage d'indexation XIML, qui permet à l'administrateur de spécifier ces règles et de générer les matrices d'indexation pour chaque page de la collection à indexer. L'expression de règles dans le langage XIML nécessite de connaître le langage XPath, et n'est donc pas à la portée immédiate de tous les utilisateurs. Ce langage peut être simplifié au moyen de macros permettant ainsi d'exprimer les règles sur le label des blocs au lieu de les exprimer sur leur représentation en XML. Cependant, comme nous le verrons dans le chapitre suivant, il s'est avéré à l'usage être très expressif (en particulier grâce à la puissance de XPath) puisqu'il nous à permis de tester différents schémas d'indexations.

CHAPITRE 4. UN SYSTÈME POUR L'EXTRACTION ET L'INDEXATION DE BLOCS

Le chapitre suivant présente les prototypes réalisés pour implanter les diverses étapes de l'architecture décrite dans ce chapitre, ainsi que les expérimentations que nous avons effectuées pour valider le modèle BlockWeb. Ces expérimentations ont été menées sur les applications d'indexation et de recherche (i) d'articles et (ii) d'images. Lors de ces dernières, nous avons utilisé les méthodes de transformation semi-automatique présentées à la section 4.2.5, afin de générer les arbres de blocs correspondant aux schémas propres à chaque application. Enfin pour chaque expérimentation, nous avons proposé différents schémas d'indexations à base de règles exprimées dans le langage XIML, pour lequel nous avons réalisé une implantation servant à la génération des paramètres d'indexation des blocs.

Chapitre 5

Expérimentations

Sommaire

5.1	Environnement matériel et logiciel		**122**
	5.1.1	Modules utilitaires	123
	5.1.2	Transformation en arbres de blocs	124
	5.1.3	Assistant BlockWeb	125
	5.1.4	BlockWeb DB	126
5.2	Expérimentations sur le corpus Journal électronique		**128**
	5.2.1	Le corpus	128
	5.2.2	Structure de la base de données	128
	5.2.3	Recherche du meilleur point d'entrée	130
	5.2.4	Recherche de blocs pour l'indexation d'images	135
5.3	Expérimentations sur le corpus ImagEval		**139**
	5.3.1	Le corpus	139
	5.3.2	Protocole expérimental	142
	5.3.3	Résultats	153
5.4	Conclusion		**163**

L'objectif de ce chapitre est de montrer l'efficacité du modèle BlockWeb au travers différentes expérimentations menées sur deux corpus de pages Web : le corpus *Journal électronique* et le corpus *ImagEval*. Nous appellerons « moteur BlockWeb » un système de recherche d'information qui opère sur une base de données modélisée conformément au modèle BlockWeb.

CHAPITRE 5. EXPÉRIMENTATIONS

Le corpus Journal électronique est constitué d'un ensemble de pages d'articles d'un journal électronique (lefigaro.fr). Nous l'avons utilisé premièrement pour valider une des propriétés importantes d'un moteur BlockWeb qui est sa capacité à rechercher le meilleur point d'entrée dans une page et deuxièmement pour montrer l'intérêt de la prise en compte de la perméabilité pour l'indexation et la recherche d'images au sein de pages Web et plus particulièrement pour déterminer le bloc voisin le plus pertinent pour cette indexation.

Le corpus ImagEval est celui de la tâche de recherche combinée texte/image au sein de pages Web de la campagne ImagEval 2006. Il est accompagné d'un jeu de requêtes et de leurs réponses. Nous l'avons utilisé pour tester l'apport de l'indexation d'images par perméabilité mais contrairement à l'expérimentation sur le corpus Journal électronique, ce n'est pas le meilleur bloc voisin qui était recherché mais la meilleure combinaison de blocs voisins.

L'organisation de ce chapitre est la suivante : la section 5.1 concerne l'environnement matériel et logiciel mis en place pour ces expérimentations, la section 5.2 concerne les expérimentations menées sur le corpus Journal électronique, la section 5.3 concerne celles menées sur le corpus ImagEval. Nous détaillerons le contenu de chaque corpus et nous présenterons leur structuration en une base de données BlockWeb. Pour chaque expérimentation nous expliquerons le protocole utilisé et analyserons les résultats. Nous conclurons dans la section 5.4 par une synthèse de ces expérimentations.

5.1 Environnement matériel et logiciel

Afin de mener ces expérimentations, nous avons développé un prototype constitué d'une série de librairies et de modules Java qui permettent d'indexer et d'interroger un corpus de pages Web selon les étapes présentées dans la figure 4.1. Ce prototype est constitué d'un ensemble de modules utilitaires, d'un outil de transformation d'une page Web en un arbre de blocs, d'un assistant et d'un module de gestion de bases de données.

5.1.1 Modules utilitaires

Les modules utilitaires, qui correspondent à des *paquetages* Java, sont les suivants :

- BlockWeb.transformation, qui contient les différentes classes permettant la transformation de pages Web en blocs ;

- BlockWeb.parser, qui regroupe les classes de traitement des blocs, telles que l'identification des blocs, la construction du document contenant des blocs, l'analyse textuelle de chaque bloc et la création de la matrice représentant les termes et leur poids dans chaque bloc du document ;

- BlockWeb.ximl, qui contient les classes permettant de traiter les feuilles d'indexation XIML et de créer les matrices d'importance et de perméabilité pour chaque page Web ;

- BlockWeb.MatrixProcessor, qui contient une interface pour le calcul matriciel des index des blocs ainsi qu'une série d'implantations utilisant différentes bibliothèques de calcul matriciel ;

- BlockWeb.IR, qui donne accès à tous les modèles de pondération proposés par le modèle de recherche d'information vectoriel ([Salton 1975]) ;

- `BlockWeb.CollectionStatistics`, qui maintient des statistiques concernant les termes d'une collection de documents, telles que la fréquence en documents et l'espace du vocabulaire de la collection.

5.1.2 Transformation en arbres de blocs

Nous avons défini une interface de transformation qui reçoit une page Web en entrée et qui crée un document XML représentant l'arbre de blocs de cette page. Comme nous l'avons vu précédemment, une transformation peut être automatique ou semi-automatique. Une transformation semi-automatique consiste à préalablement définir une ou plusieurs feuilles de styles XSLT, alors qu'une transformation automatique est effectuée au moyen d'un segmenteur. Bien que nous ayons en développé un, dont un aperçu de l'interface est donné dans la figure 5.1, nous utilisons dans les expériences les algorithmes semi-automatique décrit dans la section 4.2.5 afin de pouvoir utiliser la sémantique des blocs de l'arbre exprimée par leur label.

Parallèlement à la segmentation semi-automatique, nous avons aussi expérimenté l'indexation en utilisant un arbre de blocs obtenu en transformant avec XSLT le résultat d'une segmentation automatique. Dans le cadre de cette application (indexation d'images) le corpus est composés de page HTML classiques et relativement simples. Nous avons donc choisi d'utiliser VIPS [Cai 2003], qui est l'algorithme de segmentation visuelle le plus utilisé et parce qu'il est aussi suffisamment rapide. Nous avons écrit les feuilles de style XSLT nous permettant de transformer les fichiers XML générés par VIPS en fichiers XML correspondant à nos arbres de blocs.

5.1. ENVIRONNEMENT MATÉRIEL ET LOGICIEL

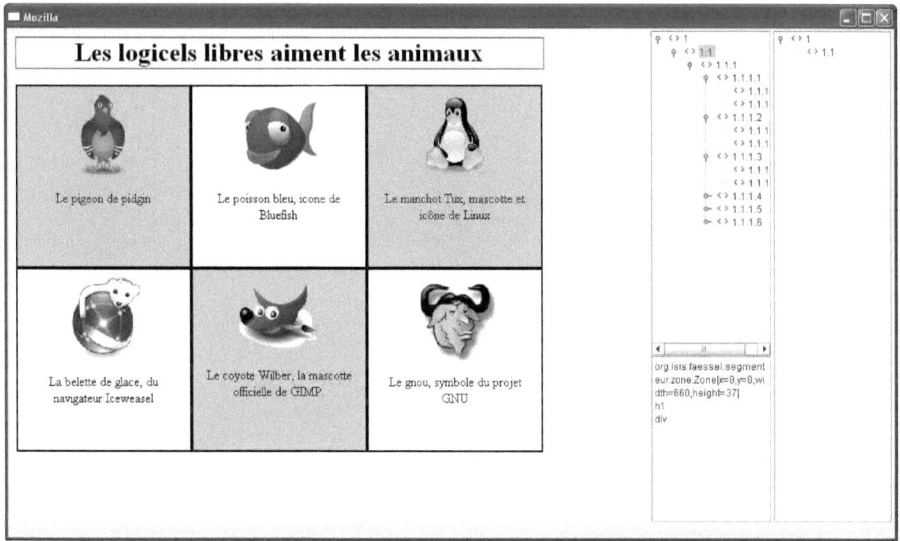

FIGURE 5.1 – Interface du prototype de segmentation automatique

5.1.3 Assistant BlockWeb

Nous avons développé l'`assistant BlockWeb` qui est une interface permettant de tester chaque composant du système, de la transformation à la définition des paramètres d'indexation.

Cet assistant permet, pour une page Web, de spécifier le mode de transformation en précisant les éventuelles feuilles de style XSLT. Une fois l'arbre de blocs créé, l'assistant permet d'éditer une feuille d'indexation XIML et de visualiser directement le graphe de perméabilité sur l'arbre de blocs. La figure 5.2 montre un exemple d'arbre de blocs avec son graphe IP tel qu'il est affiché par l'assistant. Chaque bloc est représenté par un rectangle, les relations hiérarchiques par des flèches rouges. Les arcs de perméabilité sont en bleu. Nous avons utilisé l'API

CHAPITRE 5. EXPÉRIMENTATIONS

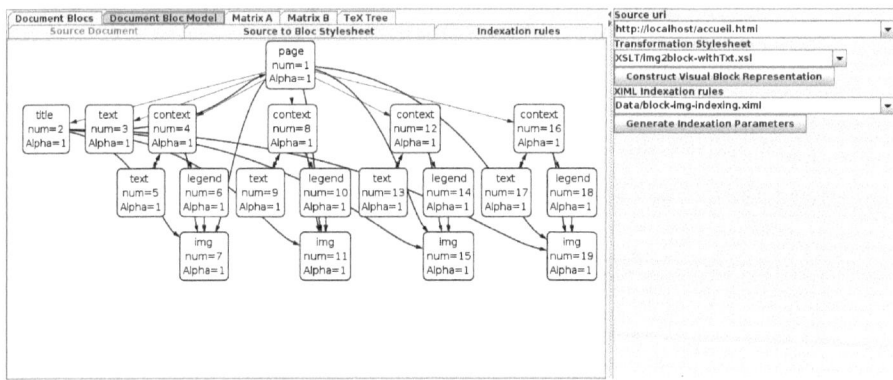

FIGURE 5.2 – Interface de l'assistant BlockWeb

prefuse[1] pour cette visualisation de l'arbre de blocs et du graphe IP associé.

L'assistant comporte 8 onglets. Ces onglets commandent l'édition ou la visualisation : du fichier source, des feuilles de style XSLT, de la feuille d'indexation XIML, de l'arbre de blocs en XML, de l'arbre de blocs représenté en 2D avec son graphe IP associé, des matrices ALPHA, BETA, de la matrice du document et enfin de la représentation LATEX de l'arbre.

Toutes les diagrammes d'arbre des blocs présentés dans cette thèse ont été produits par l'assistant BlockWeb.

5.1.4 BlockWeb DB

Le module BlockWeb.DB réalise l'indexation d'un corpus de pages Web selon les étapes exposées sur la figure 4.1, ainsi que l'interrogation des blocs de ce corpus. Il comporte, en plus des modules principaux présentés à la section 5.1.1, un processeur pour le langage XIML. L'arbre de blocs associé à chaque page,

---
[1]http://prefuse.org/

5.1. ENVIRONNEMENT MATÉRIEL ET LOGICIEL

indexé en utilisant une feuille d'indexation XIML, est stocké dans le système de gestion de base de données XML eXist [2]. Les listes inverses sont stockées dans la base de données relationnelle Derby [3], afin d'améliorer la vitesse d'indexation et de filtrer et ordonner efficacement et rapidement les résultats lors de l'interrogation. Cette base de données est utilisée comme index dans eXist qui permet, par son architecture modulaire, de définir ses propres index.

```
SEARCH +(Jeux olympiques de Pékin) -Tibet
IN //block[@label='paragraphe']
WHERE importance > 1
```

```
<results>
  <result rank="1">
    <block>...</block>
    <score>0.416</score>
  </result>
  ...
</results>
```

(a) Requête (b) Résultat

FIGURE 5.3 – Exemple de requête utilisant l'opérateur SEARCH et du résultat renvoyé

L'interrogation est réalisée en XQuery étendu par un ensemble de fonctions qui permettent l'expression de requêtes combinant les opérateurs classiques de XQuery sur la structure et le contenu ainsi qu'un langage de recherche d'information spécifique à la recherche de blocs. Pour cela, nous avons étendu XQuery par l'opérateur suivant : SEARCH <query_terms> IN <xquery> WHERE <boolean_query> où <xquery> est une requête XQuery classique ayant pour valeur une séquence de blocs, <boolean_query> est une expression XQuery booléenne qui exprime une condition que doit vérifier chacun des blocs retournés par l'expression <xquery>, et <query_terms> est une requête de type recherche d'information composée d'une conjonction de termes sur lesquels peuvent être appliqués les opérateurs unaires + et - s'appliquant sur la séquence de blocs retournée par <xquery>.

---
[2] http://exist.sourceforge.net/
[3] Derby est une base de données relationnelle destinée à être embarquée dans des applications Java : http://db.apache.org/derby/

CHAPITRE 5. EXPÉRIMENTATIONS

L'exemple de la figure 5.3a suivant illustre la recherche des paragraphes d'importance supérieure à 1, répondant à la requête *Jeux olympiques de Pékin* et ne répondant pas à la requête *Tibet*. La réponse est un élément XML contenant des couples (bloc, score), ordonnés par score décroissant (figure 5.3b).

5.2 Expérimentations sur le corpus Journal électronique

5.2.1 Le corpus

Le corpus Journal électronique a été choisi, rappelons le, pour tester la capacité d'un moteur BlockWeb à trouver le meilleur « bloc d'entrée » dans une page ainsi qu'à indexer les images d'une page par perméabilité. Une autre raison du choix de ce corpus était d'étudier la variabilité de la présentation des articles de l'actualité au cours du temps, ce que nous n'avons pas encore pu entreprendre. Le corpus a été créé à partir du site http://www.lefigaro.fr, en aspirant le contenu de manière quotidienne, sur une période allant de janvier à avril 2008.

5.2.2 Structure de la base de données

Nous avons extrait 1300 pages d'articles distinctes du journal électronique lefigaro.fr. Chaque page a été transformée en un arbre de blocs en utilisant une feuille de style XSLT, comme indiqué dans la section 4.2.5. Chaque arbre de blocs produit par cette transformation respecte le schéma d'arbres de blocs de la figure 5.5a.

Nous avons choisi d'effectuer une indexation par héritage hiérarchique. Les règles de perméabilité d'une telle indexation peuvent être résumées comme suit :

5.2. EXPÉRIMENTATIONS SUR LE CORPUS JOURNAL ÉLECTRONIQUE

les blocs feuille de l'arbre de blocs sont initialement les seuls blocs à posséder un contenu textuel et n'ont pas de prédécesseur dans le graphe de perméabilité. Chaque bloc hérite des termes indexant ses blocs fils. Chaque bloc, excepté la page et les blocs correspondant aux images, est l'origine d'un arc de perméabilité totale vers son père et il n'y a pas d'autres arcs de perméabilité. Ainsi, le graphe de perméabilité est directement calqué sur l'arbre de blocs. Concernant l'importance, nous avons décidé de la fixer à 1 pour tous les blocs d'une page. Les paramètres d'indexation sont résumés dans la feuille d'indexation XIML de la figure 5.4. Le graphe IP de chaque page respecte le schéma de la figure 5.5b. L'index de chaque bloc est calculé selon la formule 3.6.

```
<?xml version='1.0'?>
<XIML>
 <Alpha>
  <!-- L'importance par défaut des blocs est de 1 -->
  <ItemSelector select="//block" value="1" />
 </Alpha>

 <Beta>
  <!--
   Indexation par héritage :
   chaque bloc est perméable à ses blocs fils (sauf si ces derniers sont des images)
  -->
  <Relation source='//block[not(@label="img"])' target='parent::*' value='1'/>
 </Beta>
</XIML>
```

FIGURE 5.4 – Feuille d'indexation XIML pour le corpus Journal électronique

Le nombre total de blocs dans la base de données est de 48 000. Le vocabulaire est obtenu à partir des mots contenus dans les textes des blocs feuille, après élimination des mots vides et racinisation. Sa taille est de 22 639 termes.

Ne disposant pas, pour ce corpus, d'un ensemble de requêtes et des réponses associées, contrairement à un jeu de données provenant d'une campagne d'évaluation traditionnelle, nous avons défini pour chaque expérimentation un protocole permettant une validation automatique des résultats.

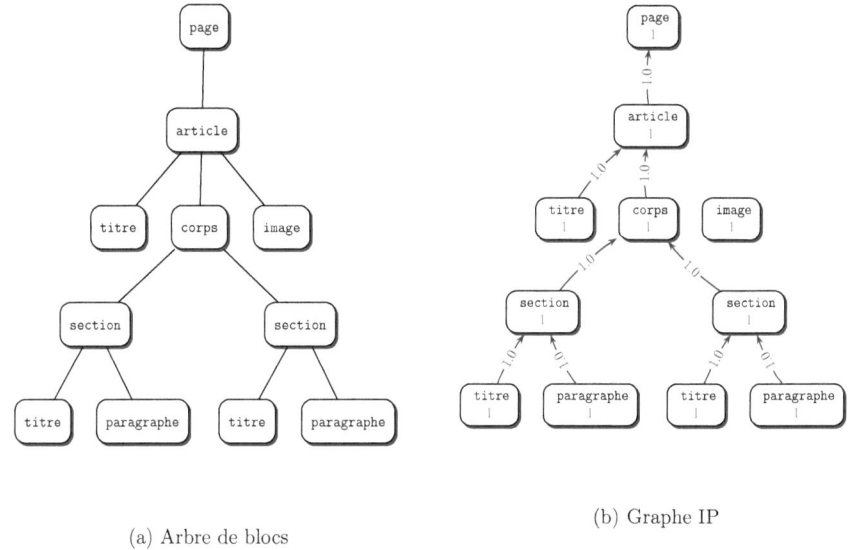

(a) Arbre de blocs

(b) Graphe IP

FIGURE 5.5 – Schéma de l'arbre de blocs et du graphe IP des pages du corpus Journal électronique

5.2.3 Recherche du meilleur point d'entrée

L'objectif de cette expérimentation est de valider la capacité d'un moteur BlockWeb à retourner le meilleur point d'entrée dans une page. Cette capacité est fondée sur la propriété énoncée et partiellement démontrée dans la section 3.3. Nous considérons comme meilleur point d'entrée, le bloc qui réalise le meilleur compromis entre exhaustivité et spécificité. Pour une requête donnée :

- un bloc est d'autant plus *exhaustif* qu'il contient un plus grand nombre de termes de la requête,

5.2. EXPÉRIMENTATIONS SUR LE CORPUS JOURNAL ÉLECTRONIQUE

- un bloc est d'autant plus *spécifique* qu'il est profond dans l'arbre de blocs.

Protocole expérimental

Dans cette expérience, seuls les blocs `paragraphe`, `section`, `corps`, `article` et `page` sont pris en compte. La profondeur de ces blocs est indiquée sur la figure 5.6.

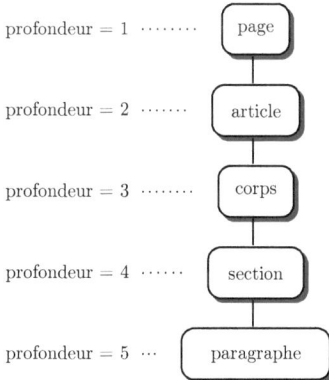

FIGURE 5.6 – Profondeur des blocs pour la recherche du meilleur point d'entrée

Nous avons généré un ensemble de 500 requêtes composées de 2 termes choisis aléatoirement dans le contenu d'un même bloc `paragraphe`.

La propriété du meilleur point d'entrée découle de notre choix d'utiliser comme formule de similarité la formule du cosinus : $sim(b,q) = \frac{\vec{b} \cdot \vec{q}}{\|\vec{b}\| \cdot \|\vec{q}\|}$. Cette formule normalise les vecteurs blocs et requête à comparer. Afin de valider la pertinence du choix de cette formule de similarité, nous l'avons comparée à celle du produit scalaire $sim(b,q) = \vec{b} \cdot \vec{q}$, qui ne normalise pas ces vecteurs.

Pour chaque requête, les blocs retournés sont ordonnés par similarité décroissante. Deux blocs ayant la même similarité sont considérés au même rang. Pour

CHAPITRE 5. EXPÉRIMENTATIONS

chaque bloc renvoyé nous conservons sa similarité, sa profondeur, son rang ainsi que le nombre de termes de la requête contenus dans le bloc.

Résultats

Similarité	Nb Termes	Rang	Profondeur
Cosinus	2	1.16	3.99
	1	2.18	4.60
Produit scalaire	2	0.61	2.66
	1	1.49	3.08

TABLE 5.1 – Rang et profondeur du premier bloc retourné selon le nombre de termes de la requête qu'il contient

Similarité	Nb Termes	Profondeur 5 (Paragraphe)	Profondeur 4 (Section)	Profondeur 3 (Corps)	Profondeur 2 (Article)
Cosinus	2	2.81	8.78	10.83	8.47
	1	2.54	13.36	20.23	14.91
Produit scalaire	2	5.09	2.36	1.19	0.61
	1	5.21	3.20	1.68	1.48

TABLE 5.2 – Rang du premier bloc retourné selon le nombre de termes de la requête qu'il contient et sa profondeur

La table 5.1 fournit le rang moyen et la profondeur moyenne (dans l'arbre de blocs) du bloc le mieux classé contenant soit les deux termes de la requête, soit un seul, pour les deux formules de similarité retenues : cosinus et produit scalaire. Nous appelons bloc pertinent un bloc qui contient les deux termes de la requête et semi-pertinent un bloc qui n'en contient qu'un seul. La table 5.2 fournit le rang moyen du premier bloc retourné selon le nombre de termes de la requête qu'il contient et sa profondeur pour les deux formules de similarité retenues. Trois conclusions peuvent être tirées de ces deux tables.

(i) La première conclusion est que la similarité cosinus favorise effectivement les blocs de profondeur plus grande (voir section 3.3) et de ce fait, permet de trouver un meilleur point d'entrée. En effet, pour les requêtes à deux termes, la profondeur moyenne des blocs pertinents les mieux classés est presque 4 (ce qui correspond à des blocs **section**) avec la similarité cosinus (cette profondeur devrait être 5 si dans tous les cas, les deux termes de la requête apparaissent dans un même paragraphe et dans aucun autre paragraphe, ni aucune autre section, etc). La similarité produit scalaire, quant à elle, donne une profondeur moyenne de seulement de 2.66, qui correspond à des blocs plus larges (**corps** d'article) ;

(ii) La deuxième conclusion est que comparée à la similarité cosinus, la similarité produit scalaire favorise les blocs les plus exhaustifs, c'est-à-dire ceux contenant le plus de termes de la requête (ici deux) par rapport aux blocs contenant moins de termes. Par exemple, on peut observer que le rang moyen du premier bloc répondant pour les deux termes de la requête est de seulement 0.61 avec la similarité produit scalaire, alors qu'il est de 1.16 avec la similarité cosinus ;

Toutefois ce résultat doit être analysé avec attention. Avec la similarité produit scalaire, les blocs contenant une requête ont la même similarité quelque soit la longueur de leur contenu, ce qui n'est pas vraiment un comportement désiré. Ceci est confirmé par le fait que ce meilleur rang moyen (0.61 contre 1.16) est associé à une profondeur plus petite (2.66 contre 3.99) qui correspond aux blocs plus grands (bloc **corps** contre **section**). Quant à la similarité cosinus, les blocs contenant complètement une requête ont une similarité qui est inversement proportionnelle à la longueur de leur contenu.

De plus, ils peuvent avoir une similarité plus petite que des blocs contenant seulement en partie cette requête, si ces derniers ont un contenu plus court, ce qui favorise une meilleur précision des réponses.

(iii) La troisième conclusion est que les deux similarités tendent à ranger (en moyenne) les blocs contenant les deux termes de la requête avant les blocs contenant seulement un terme de la requête, ce qui est attendu d'un bon moteur de recherche. En effet, le rang moyen du bloc pertinent le mieux classé avec la similarité cosinus (1.16) ou produit scalaire (0.614), est meilleur que le rang moyen du bloc semi-pertinent le mieux classé (2.18 avec la similarité cosinus, et 1.49 avec la similarité produit scalaire). Ces observations sont confirmées par la table 5.2 où les rangs des blocs pertinents ou semi-pertinents les mieux classés aux profondeurs 2, 3, 4, ou 5 sont donnés. Comme attendu, on constate qu'avec la similarité cosinus, les blocs `paragraphe` sont trouvés en premier, alors qu'avec la similarité produit scalaire ce sont les blocs `article` qui le sont.

La similarité cosinus, grâce à l'apport de la normalisation, joue un rôle essentiel dans la recherche du meilleur point d'entrée. Toutefois, il est possible que le point d'entrée retourné ne corresponde que partiellement à la requête. En effet, à cause de la normalisation, les blocs courts contenant partiellement la requête peuvent avoir une similarité plus élevée que des blocs plus longs contenant tous les termes de la requête.

5.2.4 Recherche du meilleur bloc voisin pour l'indexation d'une image

Dans cette expérimentation, nous cherchons à déterminer lequel parmi les blocs voisins d'une image d'une page Web, indexe le mieux cette image. Nous avons décidé d'utiliser comme « vérité terrain » la légende de l'image, qui provient de l'attribut `alt` de l'élément `img` décrivant cette image.

Protocole expérimental

Nous avons sélectionné 498 articles contenant des images possédant une légende et nous avons considéré ces légendes comme une indexation pertinente de ces images. Nous avons testé trois schémas de perméabilité qui se différencient par les blocs utilisés pour indexer l'image : (i) le `titre` de l'article, (ii), la première `section` de l'article, (iii) l'`article` complet.

Chaque schéma est obtenu en rajoutant au graphe IP de la figure 5.5b un arc entre les blocs indexant l'image et le bloc `image` (voir figure 5.7).

Nous cherchons à savoir si l'indexation de l'image i par perméabilité est similaire à celle de sa légende l. Nous mesurons cette similarité par la formule du cosinus. Soit $\vec{l}$ l'index de la légende et $\vec{i}$ l'index du bloc `image` par perméabilité (équation 3.6). On a $sim(l,i) = \frac{\vec{l} \cdot \vec{i}}{\|\vec{l}\| \cdot \|\vec{i}\|}$. Afin de mieux interpréter cette similarité, nous introduisons aussi deux mesures de rappel et précision permettant de constater plus directement la proportion de termes pertinents ou non pertinents qui sont apportés par cette indexation par perméabilité. Ces mesures sont définies comme suit :

$$\text{rappel} = \frac{\text{nombre de termes de } l \text{ apparaissant dans } i}{\text{nombre de termes de } l} = \frac{NLI}{NL}$$

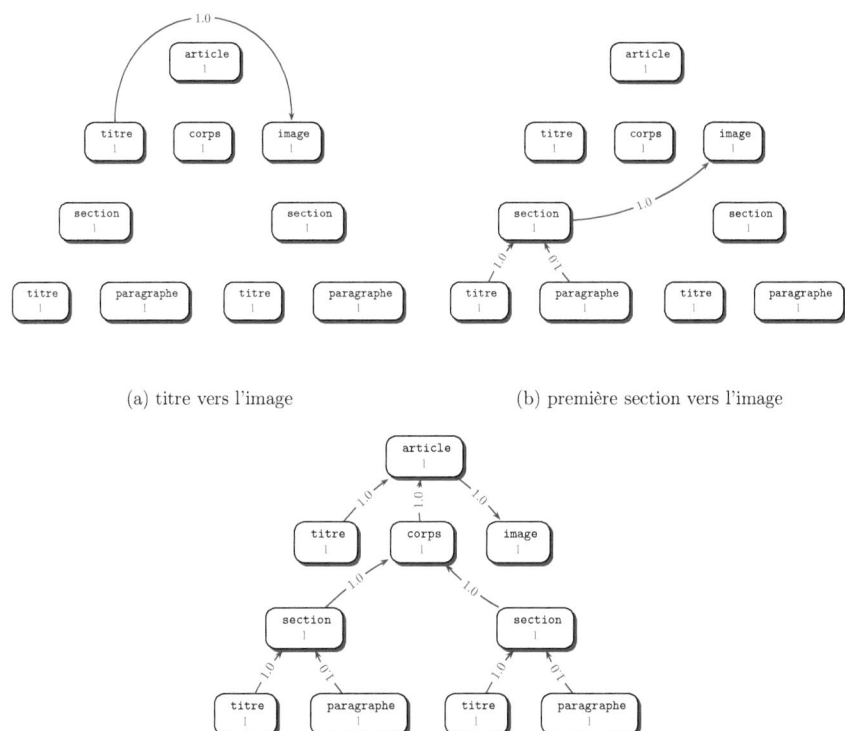

(a) titre vers l'image

(b) première section vers l'image

(c) la page entière vers l'image

FIGURE 5.7 – Les trois schémas de perméabilité pour l'indexation d'une image d'une page

5.2. EXPÉRIMENTATIONS SUR LE CORPUS JOURNAL ÉLECTRONIQUE

$$\text{précision} = \frac{\text{nombre de termes de } l \text{ apparaissant dans } i}{\text{nombre de termes de } i} = \frac{NLI}{NI}$$

Ainsi, le rappel correspond au nombre de termes pertinents (ceux de la légende) apportés à l'image par la perméabilité (NLI) par rapport au nombre de termes de la légende (NL) et la précision correspond au nombre de termes pertinents apportés à l'image par perméabilité (NLI) par rapport au nombre de termes apportés à l'image par perméabilité (NI).

Résultats

La table 5.3 présente les résultats obtenus pour les 498 images : les valeurs moyennes de NI, de NLI, de la similarité, du rappel et de la précision sur les 498 images, qui sont aussi reportées sur les histogrammes de la figure 5.8. La valeur moyenne de NL est égale à 9.357. Ainsi, on peut considérer que les images sont indexées en moyenne par une dizaine de termes pertinents.

Schéma	NI	NLI	Similarité	Rappel	Précision
Titre	4,43	0,88	0,13	0,09	0,20
Section 1	129,60	5,72	0,20	0,61	0,04
Article	187,69	6,80	0,22	0,73	0,04

TABLE 5.3 – Moyenne des résultats obtenus pour les 498 images du corpus

On constate :

- que c'est l'indexation par le titre de l'article qui obtient la meilleure précision mais au prix du plus mauvais rappel : le titre contient certains des termes pertinents pour indexer l'image mais en omet beaucoup d'autres,

- que c'est l'indexation par tous les termes de l'article qui obtient le meilleur rappel mais au prix de la plus mauvaise précision (comme d'ailleurs l'in-

CHAPITRE 5. EXPÉRIMENTATIONS

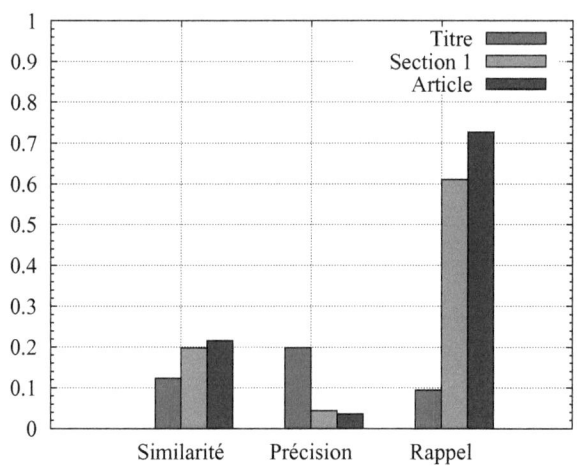

FIGURE 5.8 – Similarité, précision et rappel obtenus en moyenne pour les 498 images du corpus

dexation par la première première section) : l'article contient la plupart des termes pertinents pour décrire l'image mais contient aussi un très grand nombre de termes qui ne sont pas pertinents,

- que la plupart des termes pertinents pour indexer l'image sont concentrés dans la première section (rappel de 0.61 contre 0.72 pour l'article) qui appartient au contexte proche de l'image.

Les résultats de cette expérimentation sont très décevants en termes de précision. Nous présenterons dans la section suivante une stratégie d'indexation par combinaison des blocs plus performante. Il faut aussi remarquer que le choix de la légende d'une image comme « vérité terrain » n'est pas toujours pertinent, car souvent les légendes des photos utilisées pour illustrer un article d'un journal électronique ont été écrites dans un autre contexte et peuvent donc être en décalage par rapport au contenu de l'article qu'elles illustrent.

5.3 Expérimentations sur le corpus ImagEval

La campagne ImagEval a été créée pour l'évaluation des technologies d'indexation, de filtrage et de recherche d'image. Cette campagne s'est déroulée en 2006, et comportait 5 tâches, dont une tâche de recherche combinée texte/image dans un ensemble de pages Web.

5.3.1 Le corpus

Pour la tâche de recherche combinée texte/image, les organisateurs d'ImagEval ont constitué un corpus de 700 pages, contenant approximativement 10 000 images, dont 5 000 qualifiées « d'informatives ». L'évaluation porte sur un ensemble de 25 requêtes, choisies pour leur qualité de représentation visuelle. Les requêtes sont généralement de nature encyclopédique ou relatives à des thèmes illustrés : animaux, lieux, monuments, peintures et objets. Pour la création du corpus, les thèmes ont été utilisés comme mots-clés dans un moteur de recherche afin de pouvoir extraire les pages contenant des images répondant à ces requêtes. La pertinence des images a été vérifiée manuellement et une liste des images non informatives, telle que les icônes, liste à puces ou autres images de très petite taille, a été constituée. Les pages retenues sont pour la plupart des pages de Wikipédia, mais aussi des pages personnelles, ou d'institutions. Elles portent sur divers thèmes tels que « la Tour Eiffel », « le poisson clown », « le rocher uluru », « le drapeau éthiopien », etc. Le corpus a été fourni aux participants sous la forme d'une liste de pages identifiées par leur URL, et d'un outil permettant d'extraire le texte et les images de chaque page. Plus de détails sur la constitution du corpus peuvent être trouvés dans [Picault 2006] et [Moëllic 2006].

Chaque requête est constituée d'un ensemble de mots-clés ainsi que d'une série d'images correspondant aux résultats attendus. Ceci permet de mesurer l'apport combiné du texte et de l'image pour l'indexation et la recherche. La mesure officielle utilisée dans la campagne ImagEval pour évaluer les performances des moteurs de recherche est le Mean Average Precision (MAP) qui calcule la précision moyenne des résultats sur l'ensemble des requêtes. Cette mesure est bien adaptée à l'évaluation des performances dans le cas de réponses ordonnées alors que les mesures de rappel/précision sont plutôt adaptées au cas de réponses non ordonnées. De plus, le MAP est un bon outil pour comparer différents moteurs de recherche entre eux.

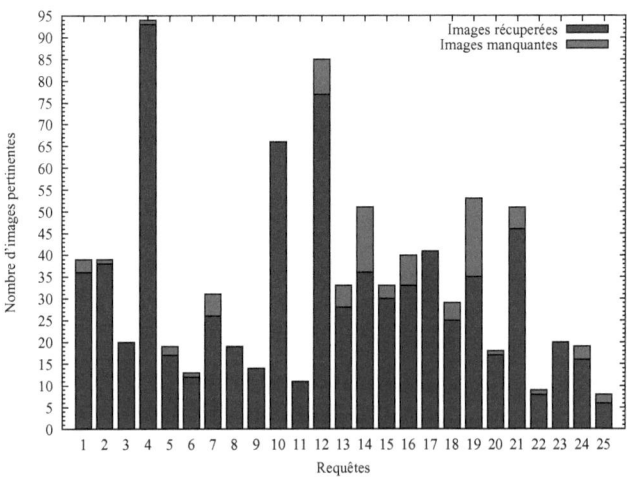

FIGURE 5.9 – Taux de recouvrement des images pertinentes de la campagne ImagEval

5.3. EXPÉRIMENTATIONS SUR LE CORPUS IMAGEVAL

Reconstruction du corpus La campagne ImagEval s'est déroulée sur une période allant de mars à juillet 2006. Les données de la campagne n'existant que sous forme de liens pointant vers des pages Web ou sous forme de fichiers textes et images, nous avons dû récupérer les pages Web originales pour pouvoir exploiter la structure de ces pages. Afin de pouvoir constituer une copie locale de ces pages tout en préservant leur structure visuelle, nous avons utilisé l'extension Firefox : « webpagedump » [4] [Pollak 2007]. Cette extension permet de sauvegarder une page Web en préservant sa structure visuelle telle qu'elle est affichée à l'écran par le moteur de rendu du navigateur Firefox.

Lorsque nous avons commencé notre travail sur cette campagne, nous avons utilisé la liste de liens fournie lors de la campagne officielle. Or certains liens n'étaient plus valides, notamment les liens pointant vers des pages personnelles. Pour parvenir à récupérer ces pages, nous avons utilisé un site d'archivage du Web : http://web.archive.org. Ce site lance à intervalle régulier un parcours du Web et archive les différentes versions des pages Web. Ainsi, nous avons pu récupérer certaines des pages Web telles qu'elles existaient sur la période de la campagne ImagEval.

Pour reconstituer le corpus, nous disposions de la liste des urls, du fichier de « vérité terrain », contenant le nom de toutes les images du corpus, ainsi qu'une indication booléenne sur la pertinence de chaque image, et ce pour chaque requête. Un fichier indiquant les images non « informatives » a aussi été fourni par les organisateurs. Grâce à ces fichiers, nous avons pu mesurer de manière efficace, pour chaque lien disponible sur le serveur d'archive, le nombre d'images « informatives » ainsi que le nombre d'images pertinentes présentes dans la page

---
[4]http://www.dbai.tuwien.ac.at/user/pollak/webpagedump/

CHAPITRE 5. EXPÉRIMENTATIONS

pointée par le lien. Le corpus que nous avons reconstruit contient 4 792 images sur les 5 300 images « informatives » du corpus original. Concernant les images jugées pertinentes par les organisateurs, nous en avons récolté 770 sur 855. La répartition des images pertinentes récupérées et originales pour chaque requête est donnée dans la figure 5.9.

Nous avons enlevé du fichier de vérité terrain les 85 images pertinentes qui nous manquaient afin d'obtenir des résultats qui concordent avec l'état actuel du corpus dont nous disposions.

5.3.2 Protocole expérimental

La tâche de la campagne ImagEval sur laquelle nous avons mené nos expérimentations est orientée recherche d'image sur le Web. Ainsi, le système de recherche doit retourner des images et non des pages complètes. Dans ce cadre, la segmentation des pages consiste à associer aux images d'une page un ensemble de blocs imbriqués dont le contenu textuel est supposé décrire le contenu de ces images. La figure 5.10 [5] donne quelques exemples de pages Web provenant du corpus ImagEval et montre les blocs utilisés pour indexer les images contenues dans ces pages.

Segmentation d'une page

Pour indexer les images d'une page, nous avons choisi de regrouper les éléments de cette page en 4 types de blocs qui sont :

---

[5]Certaines pages ont été modifiées à des fins de présentation.

5.3. EXPÉRIMENTATIONS SUR LE CORPUS IMAGEVAL

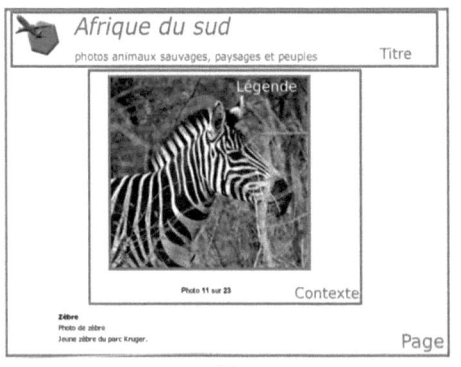
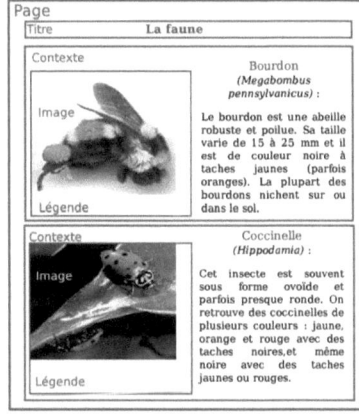

(a)   (b)

FIGURE 5.10 – Exemples de pages du corpus ImagEval et leur décomposition en blocs

- le bloc legende dont le contenu est le sac des termes contenus dans la valeur de l'attribut alt, s'il est présent, de l'élément HTML décrivant l'image et des termes extraits du nom du fichier de l'image ;

- le bloc contexte qui est composé (i) d'un bloc dont le label est li (pour légende-image) qui contient le bloc image et son bloc legende, (ii) d'un bloc texte qui agrège les blocs texte contenus dans les blocs frères du bloc image qui ne contiennent pas eux-même de bloc image et (iii) des blocs contexte frères du bloc li ;

- le bloc titre qui contient le titre de la page ;

- le bloc page qui contient (i) le bloc titre, (ii) les blocs contexte de la page et (iii) un bloc texte qui agrège les blocs texte contenus dans les blocs fils du bloc page qui ne sont pas des contenu dans des blocs contexte (c'est-à-dire qui ne contiennent pas de bloc image).

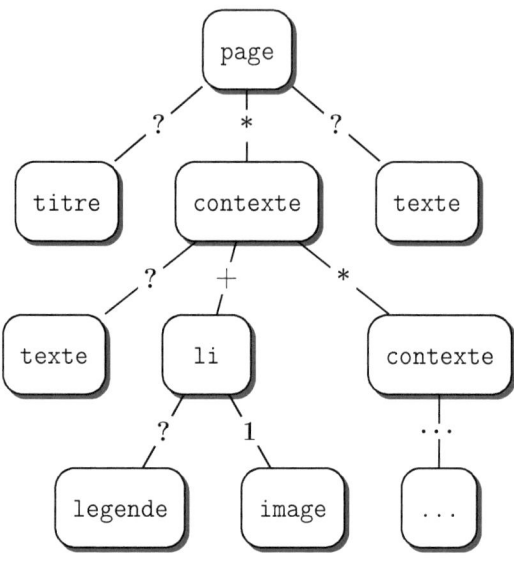

FIGURE 5.11 – Schéma de l'arbre de blocs obtenu par notre algorithme de segmentation semi-automatique

Les arbres de blocs de chaque page sont créés en utilisant notre algorithme de segmentation semi-automatique par transformation décrit dans la section 4.2.5. La feuille de style XSLT utilisée pour la création des arbres de blocs est celle donnée sur la figure 4.19. La figure 5.11 montre le schéma d'arbre de blocs induit par cet algorithme. Les symboles sur les arcs indiquent les cardinalités : * indique que le bloc père peut contenir de 0 à n bloc fils, + indique que le bloc père doit contenir au minimum un bloc fils, 1 indique que le bloc père contient un et un seul bloc fils, et ? indique que le bloc père peut contenir zéro ou un bloc fils. Par la suite nous appellerons *texte propre* d'une image le texte contenu dans le bloc texte frère du bloc li qui contient cette image. De même nous appellerons *texte propre* de la page, le texte contenu dans le bloc texte fils du bloc page.

La figure 5.12 montre un exemple de page segmentée selon notre algorithme semi-automatique. Les vaguelettes représentent du texte et les contextes des images sont indiqués en pointillés. La figure 5.13 montre l'arbre de blocs correspondant. Cet arbre contient quatre blocs image. On constate que le bloc contexte d'une image peut être inclus dans celui d'une autre image. Par la suite, nous appellerons *Exemple* cette page.

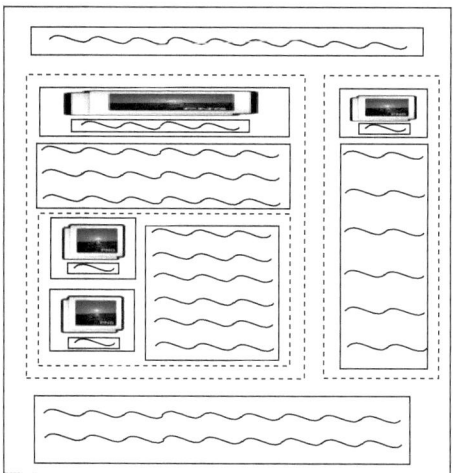

FIGURE 5.12 – Exemple de page segmentée par notre algorithme de segmentation semi-automatique

Schémas d'indexation des images par perméabilité

Nous avons choisi d'indexer les images en combinant différents schémas de perméabilité des images et différents schémas d'indexation des blocs page et contexte.

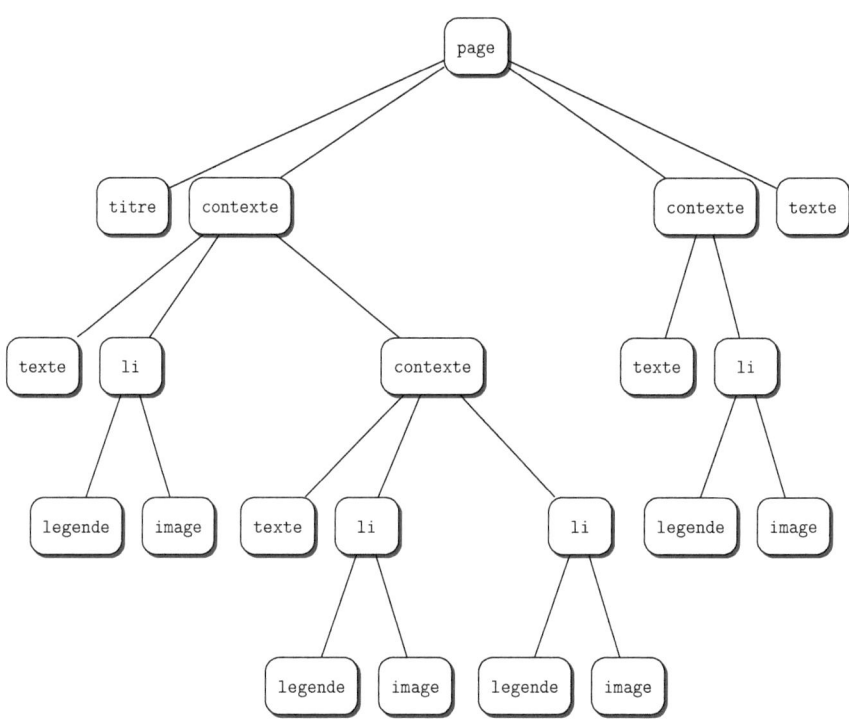

FIGURE 5.13 – Arbre de blocs de la page Exemple

5.3. EXPÉRIMENTATIONS SUR LE CORPUS IMAGEVAL

Perméabilité des images Nous avons choisi 5 schémas de perméabilité des images aux autres blocs de la page, dont les graphes IP sont décrit sur la figure 5.14 :

- Titre : les images sont seulement perméables au bloc titre (figure 5.14a)

- Page : les images sont seulement perméables au bloc page (figure 5.14b)

- Legende : les images sont seulement perméables à leur bloc legende (figure 5.14c)

- Contexte : les images sont seulement perméables à leur bloc contexte (figure 5.14d)

- BlockWeb : les images sont perméables aux quatre blocs : page, titre, contexte et legende

Les règles XIML qui permettent de générer le graphe IP pour ces schémas de perméabilité sont données sur la figure 5.15.

De plus, nous avons choisi deux schémas d'indexation par perméabilité des blocs contexte et du bloc page : l'indexation *partitionnée* et l'indexation *renforcée*.

Indexation partitionnée des contextes et de la page Les blocs contexte et le bloc page ne sont perméables qu'à leur bloc texte. Cela signifie qu'une page est indexée uniquement par son texte propre dont on supposera qu'il participe à l'indexation de toutes les images de la page. De même, le contexte d'une image est indexé uniquement par le texte propre de cette image dont on supposera qu'il ne participe qu'à l'indexation de cette image et de ses images sœurs.

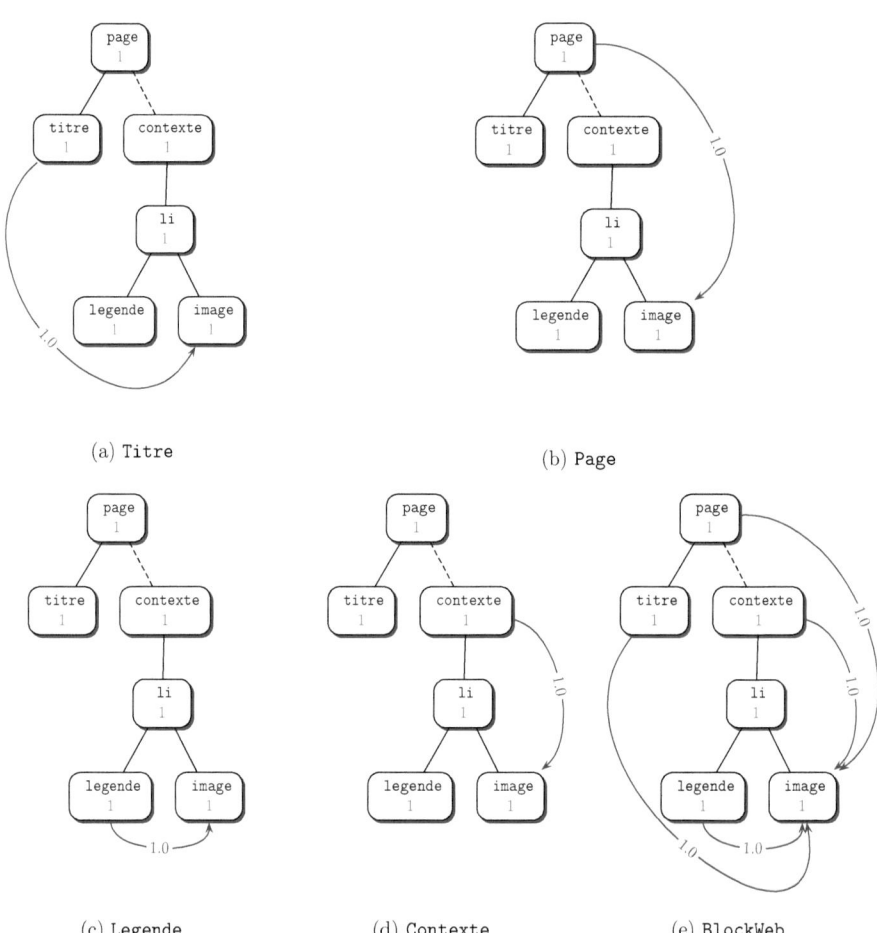

FIGURE 5.14 – Schémas de perméabilité d'une image aux autres blocs de la page (seuls les arcs de perméabilité vers le bloc image sont décrits)

5.3. EXPÉRIMENTATIONS SUR LE CORPUS IMAGEVAL

```
<!-- Les images sont perméables à la page -->
<Relation source="//block[@label='page']" target="//block[@label='img']" value
    ='1' as="Page" />

<!-- Les images sont perméables au titre de la page -->
<Relation source="//block[@label='page']/block[@label='title']" target="//
    block[@label='img']" value='1' as="Titre" />

<!-- Les images sont perméables à leur contexte -->
<Relation source="//block[@label='context']" target="./block/block[@label='img
    ']" value='1' as="Contexte" />

<!-- Les images sont perméables à leur légende -->
<Relation source="//block[@label='legend']" target="./parent::block/block[
    @label='img']" value='1' as="Legende" />
```

FIGURE 5.15 – Règles XIML de perméabilité des images

L'intérêt du schéma d'indexation partitionnée combiné avec le schéma de perméabilité BlockWeb est d'indexer une image par sa légende et son texte propre qui sont spécifiques à cette image et par le titre et le texte propre de la page qui se rapporte à toutes les images de la page et donc à l'image considérée.

Les règles XIML qui permettent de générer un graphe IP pour cette indexation sont données sur la figure 5.16.

```
<!-- Le bloc 'page' est perméable à tous les blocs 'texte' qui ne sont pas dans le
    contexte d'une image -->
<Relation source="//block[@label='text'][not(ancestor-or-self::block[@label='
    context' or @label='title'])]"
  target="//block[@label='page']" value='1' />

<!-- Les blocs 'contexte' sont perméables aux blocs 'texte' qui sont leur fils direct --
    >
<Relation source="//block[@label='context']/block[@label='text']"
  target="./parent::block" value='1' />
```

FIGURE 5.16 – Règles XIML d'indexation partitionnée des contextes et de la page

CHAPITRE 5. EXPÉRIMENTATIONS

Le graphe IP de la page Exemple obtenu par application du schéma d'indexation partitionnée des contextes et de la page est décrit sur la figure 5.17.

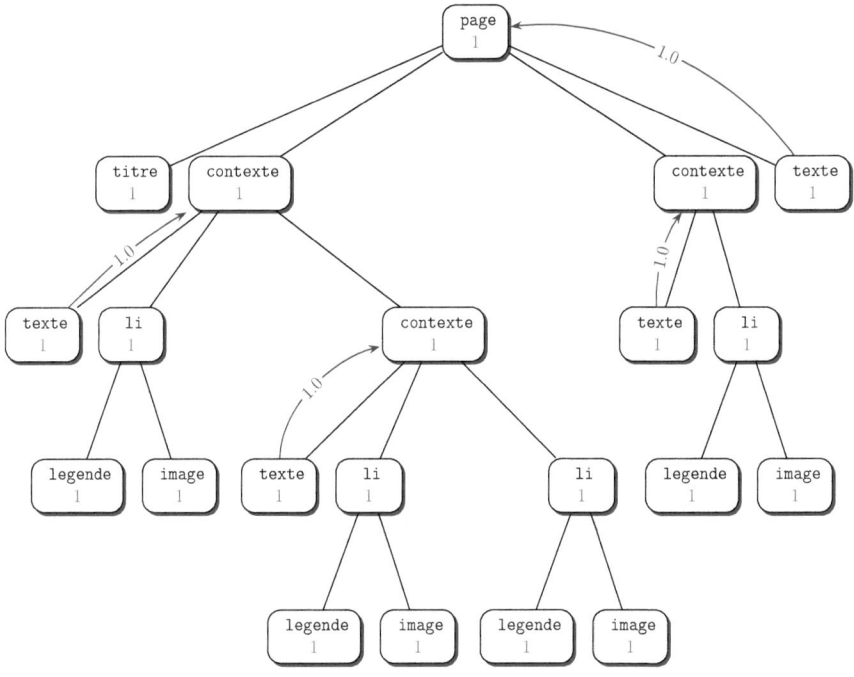

FIGURE 5.17 – Indexation partitionnée des blocs **contexte** et **page** pour la page Exemple

Indexation renforcée de la page et des contextes   Chaque bloc est perméable à ses blocs fils qui ne sont pas des blocs **image**.

Cela signifie qu'une page est indexée par tout le texte qu'elle contient et de même que le contexte d'une image est indexé par tout le texte qu'il contient.

5.3. EXPÉRIMENTATIONS SUR LE CORPUS IMAGEVAL

L'intérêt du schéma d'indexation renforcée combiné avec le schéma de perméabilité BlockWeb est de faire participer tout le texte d'une page à l'indexation des images qu'elle contient en pondérant plus fortement les termes de la légende de cette image (poids 3), les termes du texte de son contexte (poids 2) et les termes du titre de la page (poids 2, également).

Les règles XIML qui permettent de générer un graphe IP pour cette stratégie d'indexation sont données sur la figure 5.18 :

```
<!--chaque bloc est perméable à ses fils (excepté ceux qui sont de blocs 'image') -->
<Relation source="//block[not(@label='image')]" target="./parent::block" value
    ='1' />
```

FIGURE 5.18 – Règles XIML d'indexation renforcée des contextes et de la page

Le graphe IP de la page Exemple, obtenu par application du schéma d'indexation renforcée des contextes et de la page est décrit sur la figure 5.19.

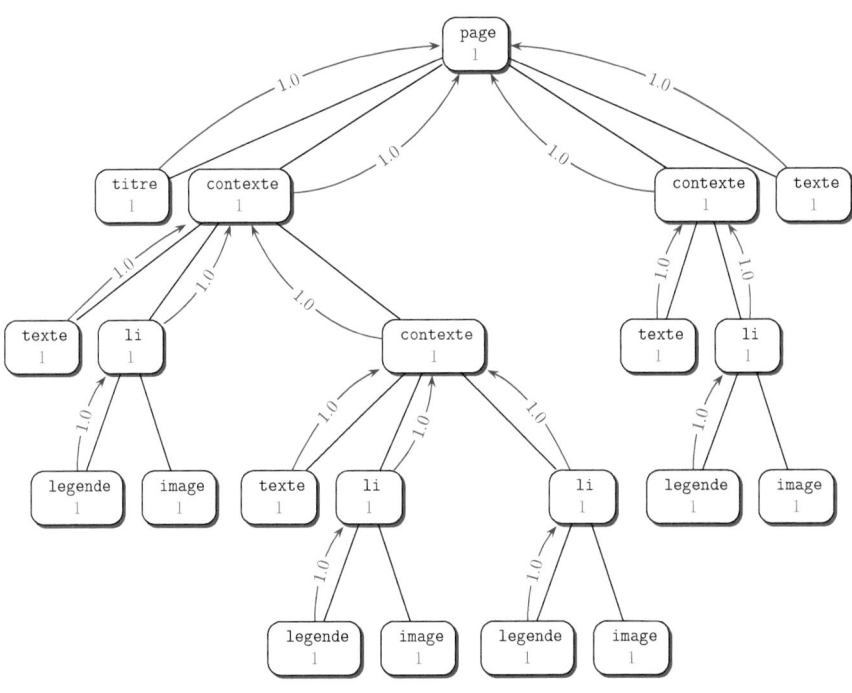

FIGURE 5.19 – Indexation renforcée des blocs **contexte** et **page** pour la page Exemple

5.3.3 Résultats

Nous présentons maintenant les résultats obtenus pour l'indexation par perméabilité des images du corpus ImagEval. Nous avons testé deux méthodes de segmentation de la page :

(i) basée sur notre algorithme de segmentation semi-automatique,

(ii) basée sur l'algorithme de segmentation VIPS [Cai 2003].

La stratégie que nous proposons pour indexer les images d'une page Web repose évidemment sur une bonne qualité de la détection des contextes des images. Cette détection n'est pas évidente lorsque les pages ont une structure très linéaire avec des espacements relativement uniformes entre les blocs. C'est pour cela que nous avons testé une seconde méthode de détection basé sur l'algorithme VIPS.

Pour chacune de ces deux méthodes, nous avons testé les deux schémas d'indexation des contextes et de la page : par partitionnement et par renforcement. Pour chacun de ces deux schémas, nous avons testé les cinq schémas de perméabilité d'une image aux blocs de la page : `BlockWeb`, `Contexte`, `Legende`, `Page`, `Titre`.

L'objectif de ces tests est de comparer les performances de chaque méthode de segmentation combinée avec chaque schéma de perméabilité et d'indexation. Le critère utilisé pour cette comparaison est le MAP (Mean Average Precision). Les performances sont évaluées pour un ensemble de 25 requêtes, contenant chacune entre 1 et 4 termes informatifs (c'est-à-dire qui ne sont pas des mots vides). La longueur moyenne des requêtes est de 2 termes. Certaines requêtes sont ambiguës et peuvent représenter plusieurs concepts qui sont tous représentés dans le corpus.

C'est le cas par exemple de la requête *avocat* qui est assorti d'un ensemble d'images du fruit. Les images pertinentes pour cette requête sont donc des images qui représentent ce fruit et non des images représentant des hommes de loi.

Segmentation par l'algorithme semi-automatique

Indexation partitionnée   La figure 5.20 donne les courbes de rappel/précision interpolées pour chacun des cinq schémas de perméabilité des images. Le MAP de chaque schéma est reporté dans la table 5.4. En observant ces courbes on peut constater qu'à un faible niveau de rappel (0.1), tous les schémas de perméabilité obtiennent un bon niveau de précision, c'est-à-dire que les premiers documents retrouvés sont des documents pertinents, mais que cette précision se dégrade à des niveaux élevés de rappel pour tous les schémas de perméabilité. Cette dégradation peut s'expliquer par le fait qu'un ensemble de requêtes ambiguës aient été utilisée dans la campagne ImagEval, avec un ensemble de pages correspondant aux différentes interprétations de la requête. C'est le cas par exemple la requête *avocat*, dont les images pertinentes correspondent au fruit. Du fait que nous n'utilisons pas les images fournies avec les requêtes dans un système combinant recherche textuelle et recherche d'image par le contenu, notre système renvoie indifféremment les images correspondant à chaque concept. On aurait pu penser que les schémas de perméabilité `Legende` et `Contexte`, qui rendent les blocs `image` perméables aux blocs de la page qui en sont les plus proches, obtiennent un MAP plus fort que les schémas `Titre` et `Page` qui rendent les images perméables aux blocs de la page qui en sont les plus éloignés. Pour le schéma `Legende` ceci est dû au fait que les légendes des images (l'attribut `alt` des éléments `img`) ne sont pas toujours renseignées. Nous nous en étions déjà rendu compte dans l'expérience ex-

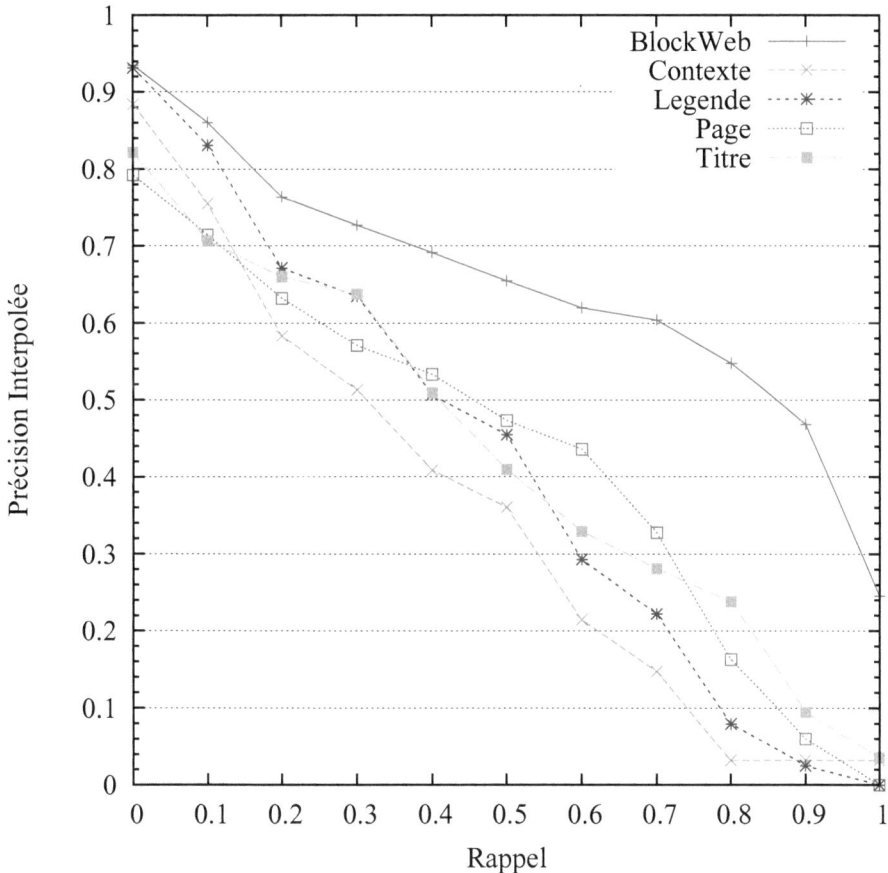

FIGURE 5.20 – Courbes de rappel/précision interpolées pour une segmentation semi-automatique et une indexation partitionnée

Contexte	Page	Légende	Titre	BlockWeb
0.33	0.40	0.40	0.40	0.62

TABLE 5.4 – MAP pour une segmentation semi-automatique et une indexation partitionnée

CHAPITRE 5. EXPÉRIMENTATIONS

ploratoire sur le corpus Journal électronique (5.2.4), où sur un ensemble de 1300 pages d'articles possédant une image, seuls 498 pages contenaient une image avec légende. Pour le schéma `Contexte` ceci est dû au fait que certaines images ont un contexte qui ne possède pas de contenu textuel. Cela est parfois dû à des pages dont la structure visuelle est très linéaire, avec des espaces réguliers, ce qui rend la segmentation et la détection de contexte très difficile.

Le schéma `BlockWeb` obtient de loin le MAP le plus fort et c'est aussi celui qui obtient la meilleure précision à des niveaux de rappel élevés. Ce résultat confirme notre intuition que tout le texte d'une page doit participer à l'indexation d'une image contenue dans cette page.

Indexation renforcée La figure 5.21 donne les courbes de rappel/précision interpolées pour chacun des 5 schémas de perméabilité des images, ainsi que celle du schéma BlockWeb pour une indexation partitionnée. Le MAP de chacun des 5 schémas est reporté dans la table 5.5.

En comparant avec les résultats obtenus avec le schéma d'indexation partitionné on constate tout d'abord que les résultats obtenus par les schémas de perméabilité `Legende` et `Titre` sont inchangés puisque ces schémas sont eux-même inchangés. Les résultats obtenus par les schémas `Contexte` et `Page` sont meilleurs, ce qui confirme que pour indexer correctement une image d'une page, il faut prendre en compte tout le contenu textuel de la page. Les résultats obtenus par le schéma BlockWeb est quasiment identique, avec un MAP légèrement plus faible, mais une précision légèrement meilleure pour un faible niveau de rappel.

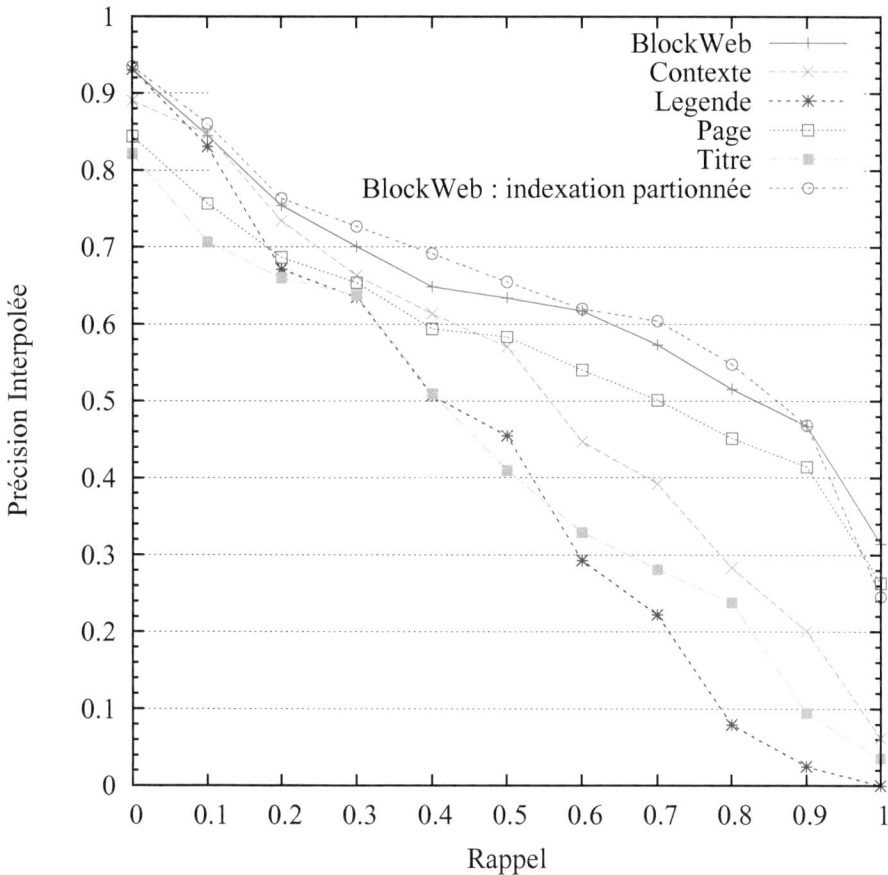

FIGURE 5.21 – Courbes de rappel/précision interpolées pour une segmentation semi-automatique et une indexation renforcée

Légende	Titre	Contexte	Page	BlockWeb
0.40	0.40	0.49	0.53	0.60

TABLE 5.5 – MAP pour une segmentation semi-automatique et une indexation renforcée

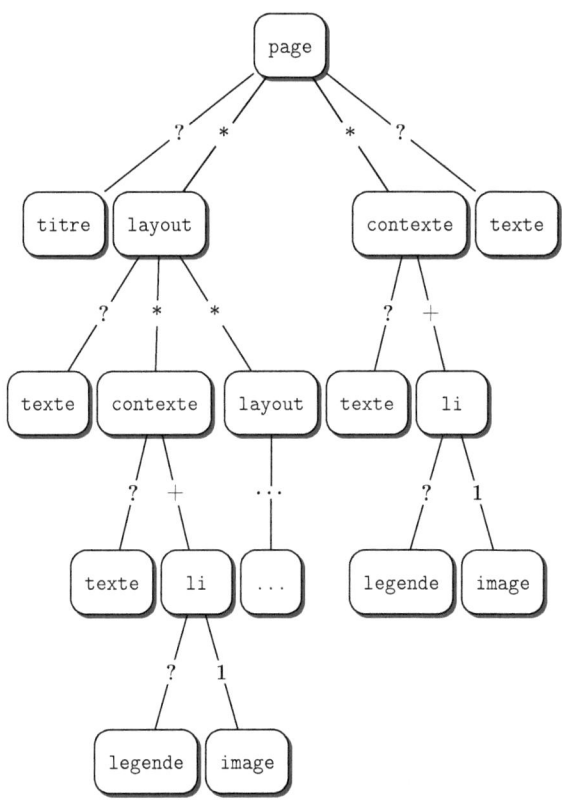

FIGURE 5.22 – Schéma de l'arbre de blocs obtenu par l'algorithme de segmentation VIPS

Segmentation par l'algorithme VIPS

La même expérience a été reconduite, en utilisant cette fois l'algorithme de segmentation VIPS. L'implantation de cet algorithme est fourni à l'adresse suivante : http://www.zjucadcg.cn/dengcai/VIPS/VIPS.html. Nous avons utilisé la fonction `analyseImg`, qui permet de générer un arbre dont chaque feuille est constituée d'une ou plusieurs images, accompagnées du texte de leur contexte. Contrairement à notre algorithme de segmentation semi-automatique, les blocs `contexte` générés par VIPS ne contiennent pas d'autres blocs `contexte`. Ces blocs `contexte` sont parfois regroupés dans des blocs virtuels nommés `layout`. Ainsi, le schéma d'arbre des blocs diffère légèrement. Il est donné sur la figure 5.22.

Les courbes de rappel/précision interpolées et les MAP obtenus pour des pages segmentées par l'algorithme VIPS sont données sur les figures 5.23 et 5.24 et dans les tables 5.6 et 5.7. En comparant avec les résultats obtenus pour des pages segmentées par notre algorithme de segmentation semi-automatique, on constate :

- que les résultats obtenus pour les schémas de perméabilité `Legende` et `Titre` sont inchangés et donc que ces deux blocs sont aussi bien détectés par les deux algorithmes de segmentation,

- que les résultats obtenus par le schéma de perméabilité `Contexte` sont sensiblement améliorés, ce qui montre que l'algorithme VIPS réalise une meilleur détection des contextes d'une image,

- que les résultats obtenus par le schéma de perméabilité `Page` est lui-même sensiblement amélioré : c'est une conséquence de l'amélioration de l'indexation des contextes, puisque le bloc `page` hérite du contenu des blocs `contexte`.

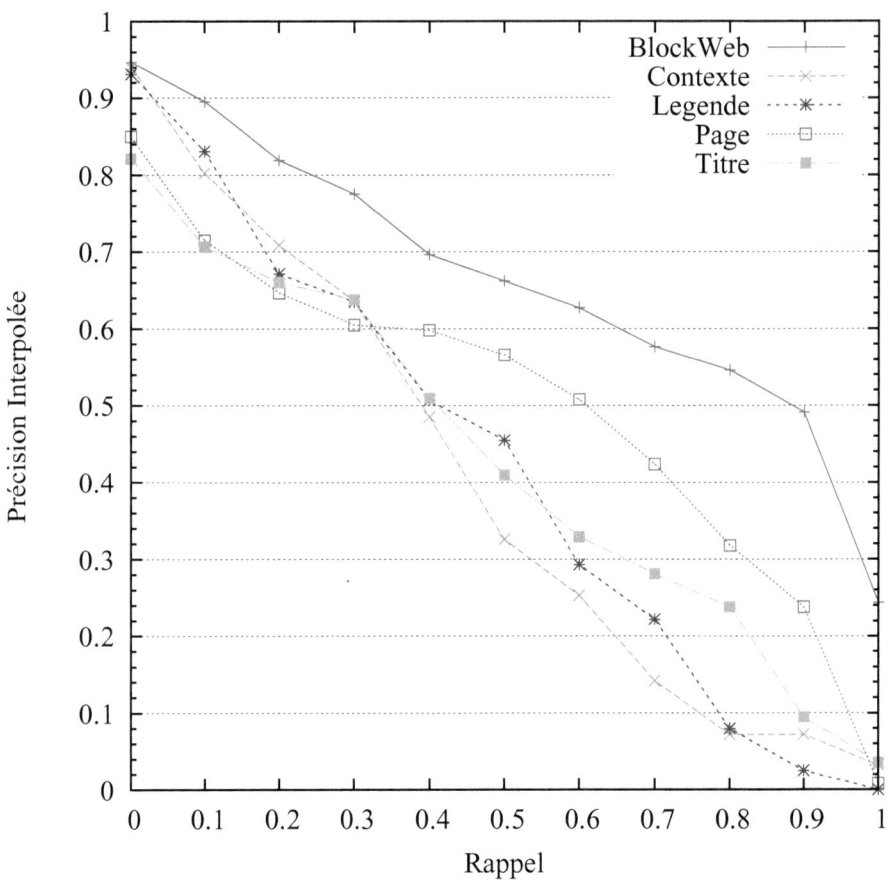

FIGURE 5.23 – Courbe de rappel/précision pour une segmentation par l'algorithme VIPS et une indexation partitionnée

Contexte	Légende	Titre	Page	BlockWeb
0.37	0.40	0.40	0.46	0.64

TABLE 5.6 – MAP pour une segmentation par l'algorithme VIPS et une indexation partitionnée

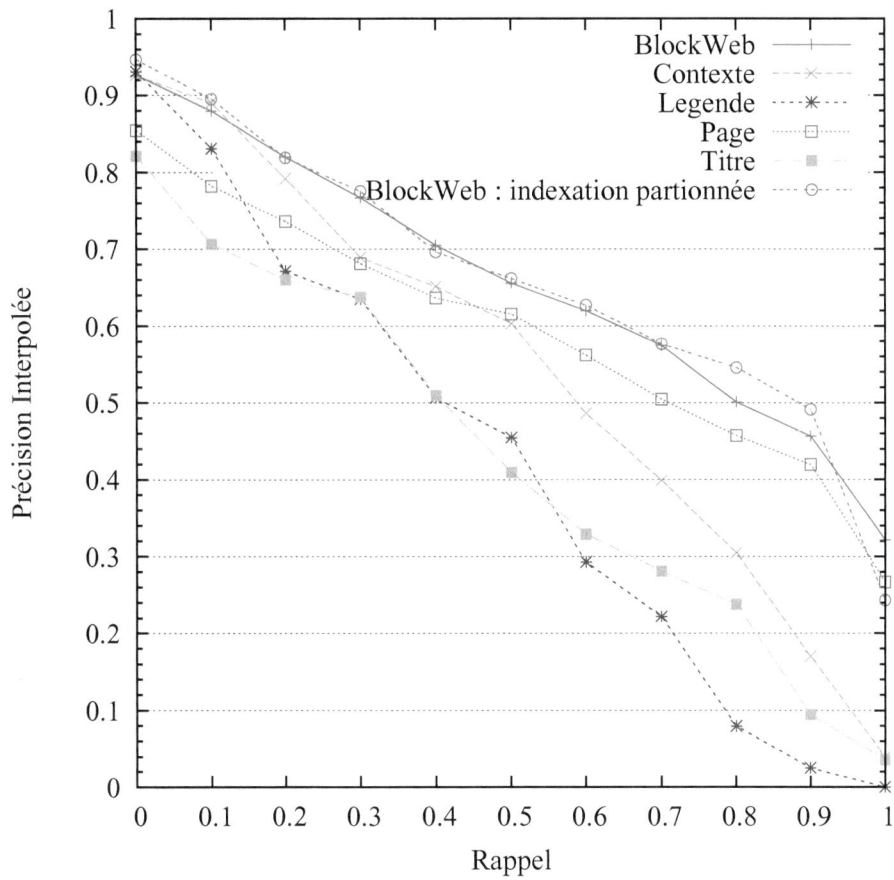

FIGURE 5.24 – Courbe de rappel/précision pour une segmentation par l'algorithme VIPS et une indexation renforcée

Légende	Titre	Contexte	Page	BlockWeb
0.40	0.40	0.52	0.56	0.63

TABLE 5.7 – MAP pour une segmentation par l'algorithme VIPS et une indexation renforcée

Synthèse

Segmentation	Indexation	Légende	Titre	Contexte	Page	BlockWeb
Semi-automatique	Partitionnée	0.40	0.40	0.33	0.40	0.62
	Renforcée	0.40	0.40	0.49	0.53	0.60
VIPS	Partitionnée	0.40	0.40	0.37	0.46	**0.64**
	Renforcée	0.40	0.40	0.52	0.56	0.63

TABLE 5.8 – Récapitulatif des résultats obtenus

La table 5.8 rassemble tous les résultats obtenus pour les deux méthodes de segmentation, les deux schémas d'indexation des contextes et de la page et les cinq schémas de perméabilité. On peut tirer les conclusions suivantes :

- Une bonne indexation nécessite la prise en compte de tout le texte de la page. En effet les schémas `Contexte`/ Indexation renforcée, `Page` et `BlockWeb` qui combinent les textes de plusieurs blocs obtiennent de meilleurs résultats que les schémas `Legende`, `Titre` et `Contexte`/ Indexation partitionnée qui ne prennent en compte que les textes d'un seul bloc.

- Les schémas d'indexation partitionnée et renforcée ont des performances quasiment identiques. Très certainement parce que tous les deux donnent un poids plus important à la légende de l'image et au titre de la page. Il aurait été intéressant de tester une variante du schéma partitionné qui est finalement le plus compréhensible (on indexe une image par le texte qui l'avoisine et par le texte de la page commun à toutes les images) en modulant les coefficients de perméabilité. Nous avons proposé dans [Bruno 2011] une approche semblable, permettant d'apprendre les coefficients de perméabilité pris dans l'intervalle $[0, 1]$, et ce dans le cas d'un schéma de perméabilité renforcée.

- Cette stratégie d'indexation implique une bonne qualité de segmentation des pages. La méthode de segmentation semi-automatique que nous avons proposée est bien adaptée lorsque les pages sont construites sur un schéma régulier. Lorsque ce n'est pas le cas, comme pour les pages du corpus ImagEval, l'algorithme VIPS s'avère un meilleur choix.

5.4 Conclusion

Dans ce chapitre, nous avons présenté plusieurs expérimentations destinées à valider le modèle BlockWeb. Ces expérimentations ont été menées sur deux corpus de taille significative : un corpus de pages d'articles d'un journal électronique (corpus Journal électronique) et le corpus de la tâche de recherche combinée texte/image de la campagne ImagEval 2006 (corpus ImagEval).

Sur le corpus Journal électronique, nous avons montré la capacité d'un moteur BlockWeb à trouver le meilleur point d'entrée dans une page Web pour une requête donnée, plus exactement à trouver le bloc de cette page le plus similaire à cette requête.

Sur les corpus Journal électronique et ImagEval, nous avons testé l'apport de la perméabilité pour indexer les images d'une page Web. L'expérimentation menée sur le corpus Journal électronique n'a pas donné de résultats satisfaisants pour deux raisons. La première raison a été que le choix de la légende d'une image comme « vérité terrain » n'était pas vraiment pertinente car souvent les légendes des photos utilisées pour illustrer un article ont été écrites dans un autre contexte et sont décalées avec le contenu de l'article qu'elles illustrent. La seconde raison a été que nous avons recherché quel était le meilleur bloc voisin pour indexer une image, alors que, comme l'ont montré les expérimentations sur le corpus ImagEval, c'est une combinaison de blocs qu'il faut prendre en compte.

Sur le corpus ImagEval, nous avons testé différents schémas de perméabilité parmi lesquels deux se sont montrés nettement plus performants :

- le premier schéma consiste à indexer une image par perméabilité à sa légende, à son texte propre (celui qui est supposé se rapporter exclusivement à cette image et à ses images sœurs), au titre de la page et à son texte propre (celui qui est supposé se rapporter à toutes les images de la page) ;

- le second schéma consiste à indexer une image par perméabilité à tous les termes du texte de la page en pondérant plus fortement les termes de la légende et du contexte de l'image et ceux du titre de la page.

Les performances de ces deux schémas sont équivalentes mais bien supérieures à une indexation par les termes d'un seul des textes suivants : la légende de l'image, son texte propre, son contexte, le titre de la page, le texte propre de la page ou le texte de la page. Il est par ailleurs intéressant de remarquer que plusieurs des participants à la tâche « Recherche d'image » de la campagne ImagEval 2006 ([Tollari 2007] entre autres) avaient choisi d'indexer les images par tous les termes du texte de la page. Ce choix correspond à notre schéma Page/Indexation renforcée qui est moins performant (15% de moins pour le MAP environ, voir Table 5.8) que le schéma BlockWeb. Nous pouvons donc conclure que la décomposition d'une page Web en blocs visuels et leur combinaison pour indexer les images de cette page est une bonne approche. Nous avons enfin mis en évidence la nécessité de disposer d'un segmenteur efficace. Pour les pages du corpus ImagEval qui ne reposent pas sur un schéma uniforme, le segmenteur basé sur l'algorithme VIPS s'est avéré plus efficace que celui basé sur notre algorithme semi-automatique.

Dans la stratégie d'indexation des images d'une page Web que nous avons proposée, les coefficients de perméabilité sont binaires (dans $\{0, 1\}$). Au delà de la collaboration avec le professeur Michel Scholl qui a participé à la construction du modèle BlockWeb, nous avons établi une collaboration particulière avec le professeur Hervé Glotin pour étudier les possibilités de mesurer les apports du modèle BlockWeb et surtout pour étudier la possibilité de fixer les paramètres α et β en utilisant des techniques d'apprentissage. Les résultats préliminaires de ce travail ont été publiés dans une section de la publication principale autour du modèle BlockWeb [Bruno 2011]. Le travail concernant l'apprentissage n'étant pas le sujet principal de cette thèse il n'est pas détaillé ici. Cependant il est important de noter que toute l'étude préliminaire et la validation de cet aspect ont été formalisés au moyen du système présenté dans le chapitre 4, et réalisés notamment grâce à l'utilisation des feuilles d'indexation XIML, dont nous avons rendu les coefficient de perméabilité paramétrables. L'apprentissage des coefficients de perméabilité pris dans l'intervalle $[0, 1]$ a été effectué par une méthode de gradient stochastique, en maximisant la similarité des images pertinentes et en minimisant celle des images non pertinentes. Le résultat de cet apprentissage a été que la plus forte perméabilité devait être affectée au titre de la page, puis par ordre décroissant au contexte de l'image, à sa légende et au texte de la page, ce qui conduit à un schéma de perméabilité peu différent du second schéma ci-dessus.

Chapitre 6
Conclusion

Les travaux présentés dans cette thèse concernent l'indexation et la recherche d'information dans les pages Web décomposées en blocs visuels. Dans ce contexte, nous avons proposé un nouveau modèle : le modèle BlockWeb qui prend en compte l'importance de ces blocs et les liens qui existent entre leurs contenus : le contenu d'un bloc peut renforcer, par perméabilité, le contenu d'un autre bloc. Dans ce modèle, une page Web est représentée par un arbre de blocs et par un graphe acyclique orienté : le graphe IP. Les nœuds de ce graphe sont associés aux blocs et sont étiquetés par leur valeur d'importance et les arcs, quant à eux, traduisent la perméabilité du bloc cible au contenu du bloc source et sont étiquetés par la valeur de cette perméabilité. L'indexation des blocs et leur interrogation est réalisée conformément au modèle vectoriel. Nous avons élaboré un moteur d'indexation et de recherche qui construit l'arbre de blocs et le graphe IP d'une page Web à partir de sa représentation HTML et génère les index des blocs : des vecteurs dans l'espace des termes d'indexation. Cette construction s'appuie sur un langage semblable à XSLT que nous avons conçu : le langage XIML (XML Indexing Management Language). Afin de valider le modèle BlockWeb, nous avons effectué un certain nombre d'expérimentations réalisées sur deux corpus distincts : un corpus de pages d'articles de journaux électroniques, qui nous a montré l'aptitude d'un moteur BlockWeb à trouver le meilleur point d'entrée dans une page (le meilleur bloc) pour une requête donnée et un corpus de la tâche de recherche combinée texte/image de la campagne ImagEval, qui nous a montré l'intérêt du concept de perméabilité pour l'indexation et la recherche d'images dans une page Web.

Les expérimentations que nous avons effectuées nous ont convaincu de l'apport du modèle BlockWeb pour l'indexation et l'interrogation de pages Web. Il serait donc intéressant de poursuivre le développement de ce modèle et de son implémentation. Ce développement pourrait être mené dans trois directions :

- Extension du modèle. Le modèle BlockWeb est maintenant bien stabilisé. Il repose sur trois concepts relativement simples à appréhender : décomposition en blocs, importance et perméabilité. Deux extensions pourraient cependant être envisagées : (i) autoriser les cycles dans le graphe IP, ce qui permettrait un renforcement mutuel du contenu des blocs visuellement proches, (ii) prendre en compte les liens hypertexte dans la relation de perméabilité.

- Poursuite de l'évaluation. Même si nous avons montré formellement comment l'importance renforce l'indexation des blocs, nous n'avons pas encore pu valider son impact sur la qualité de la recherche d'information. Par ailleurs, nos expérimentations sur l'utilisation de la perméabilité pour l'indexation des images ou plus généralement des objets multimédia d'une page Web doivent être poursuivies. Un obstacle à cette évaluation est l'absence de corpus adaptés tels que ceux dont on dispose au sein des campagnes telles que TREC ou ImagEval pour une recherche d'information plus classique. Une solution serait de les construire, mais notre équipe n'a pas l'envergure suffisante pour le faire.

- Passage à l'échelle. Le prototype que nous avons élaboré nous a montré que les étapes de segmentation des pages et d'indexation des blocs sont relativement longues. En l'état actuel, ce prototype est adapté à des corpus de pages de taille limitée et dont le schéma visuel est suffisamment régulier pour guider la décomposition en blocs. Des efforts d'optimisation doivent donc être entrepris pour une utilisation à plus large échelle.

Bibliographie

[Baeza-Yates 1999] Ricardo A. Baeza-Yates et Berthier A. Ribeiro-Neto. *Modern information retrieval*. ACM Press / Addison-Wesley, 1999. [12]

[Bos 2009] Bert Bos, Tantek Çelik, Ian Hickson et Håkon Wium Lie. *Cascading Style Sheets Level 2 Revision 1 (CSS 2.1) Specification*. Candidate recommendation, W3C, Septembre 2009. http ://www.w3.org/TR/2009/CR-CSS2-20090908. [81]

[Boughanem 2004] Mohand Boughanem, Wessel Kraaij et Jian-Yun Nie. *Modèles de langue pour la recherche d'information, chapitre 7, pages 163–182*. In *Traité des sciences et technologies de l'information* [Ihadjadene 2004], 2004. [21]

[Bray 2008] Tim Bray, Jean Paoli, Eve Maler, François Yergeau et C. M. Sperberg-McQueen. *Extensible Markup Language (XML) 1.0 (Fifth Edition)*. W3C recommendation, W3C, Novembre 2008. http ://www.w3.org/TR/2008/REC-xml-20081126/. [22]

[Broschart 2008] Andreas Broschart, Ralf Schenkel et Martin Theobald. *Experiments with Proximity-Aware Scoring for XML Retrieval at INEX 2008*. In Geva et al. [Geva 2009], pages 29–32. [32]

[Bruno 2007] Emmanuel Bruno, Nicolas Faessel, Hervé Glotin, Jacques Le Maitre et Michel Scholl. *Indexation of Web Pages Based on their Visual Rende-*

ring. In Proceedings of the IADIS International Conference WWW/Internet 2007, volume 2, pages 193–197, Vila Real, Portugal, october 2007. (short paper). [5]

[Bruno 2009a] Emmanuel Bruno, Nicolas Faessel, Hervé Glotin, Jacques Le Maitre et Michel Scholl. *BlockWeb : an IR Model for Block StructuredWeb Pages*. In Proceedings of the 7th International Workshop on Content Based Multimedia Indexing (CBMI 2009), volume 2, pages 219–224, Chania, Crete, june 2009. [5]

[Bruno 2009b] Emmanuel Bruno, Nicolas Faessel, Hervé Glotin, Jacques Le Maitre et Michel Scholl. *Indexing by permeability in block structured web pages*. In Proceedings of the 9th ACM Symposium on Document Engineering (DocEng 2009), pages 70–73, 2009. (short paper). [5]

[Bruno 2009c] Emmanuel Bruno, Nicolas Faessel, Hervé Glotin, Jacques Le Maitre et Michel Scholl. *IR Web search based on presentation and multimedia content*. In Actes des 25èmes Journées Bases de Données Avancées (BDA 2009), pages 408–407, october 2009. [5]

[Bruno 2011] Emmanuel Bruno, Nicolas Faessel, Hervé Glotin, Jacques Le Maitre et Michel Scholl. *Indexing and querying segmented web pages : the BlockWeb Model*. World Wide Web, pages 1–27, 2011. 10.1007/s11280-011-0124-6. [5, 71, 162, 165]

[Cai 2003] Deng Cai, Shipeng Yu, Ji-Rong Wen et Wei-Ying Ma. *VIPS : A Vision-based Page Segmentation Algorithm*. Rapport technique, Microsoft Research, 2003. [vi, 32, 33, 38, 40, 74, 98, 124, 153]

[Cai 2004a] Deng Cai, Xiaofei He, Zhiwei Li, Wei-Ying Ma et Ji-Rong Wen. *Hierarchical clustering of WWW image search results using visual, textual and link information*. In Henning Schulzrinne, Nevenka Dimitrova, Martina Angela Sasse, Sue B. Moon et Rainer Lienhart, editeurs, ACM Multimedia, pages 952–959. ACM, 2004. [41]

[Cai 2004b] Deng Cai, Xiaofei He, Ji-Rong Wen et Wei-Ying Ma. *Block-level link analysis*. In Mark Sanderson, Kalervo Järvelin, James Allan et Peter Bruza, editeurs, SIGIR, pages 440–447. ACM, 2004. [39, 71]

[Callan 1992] James P. Callan, W. Bruce Croft et Stephen M. Harding. *The INQUERY Retrieval System*. In Proc. of DEXA-92, 3rd Int. Conf. on Database and Expert Systems Applications, pages 78–83, 1992. [21, 29]

[Carroll 2004] Jeremy J. Carroll et Graham Klyne. *Resource Description Framework (RDF) : Concepts and Abstract Syntax*. W3C recommendation, W3C, Février 2004. http ://www.w3.org/TR/2004/REC-rdf-concepts-20040210/. [89]

[Chamberlin 2007] Don Chamberlin, Jonathan Robie, Daniela Florescu, Scott Boag, Jérôme Siméon et Mary F. Fernández. *XQuery 1.0 : An XML Query Language*. W3C recommendation, W3C, Janvier 2007. http ://www.w3.org/TR/2007/REC-xquery-20070123/. [25]

[Chaudhuri 2006] B. B. Chaudhuri. *Digital document processing : Major directions and recent advances (advances in pattern recognition)*, chapitre 19. Springer-Verlag New York, Inc., Secaucus, NJ, USA, 2006. [41]

[Chiaramella 1996] Yves Chiaramella, Franck Fourel et Philippe Mulhem. *Modelling Multimedia Structured Documents*. Chapter of deliverable d4, FERMI BRA 8134, 1996. [29]

[Cooper 1978] William S. Cooper et M. E. Maron. *Foundations of Probabilistic and Utility-Theoretic Indexing*. J. ACM, vol. 25, no. 1, pages 67–80, 1978. [20]

[Crestani 1998] Fabio Crestani, Mounia Lalmas, Cornelis J. Van Rijsbergen et Iain Campbell. *"Is this document relevant? ... probably" : a survey of probabilistic models in information retrieval*. ACM Comput. Surv., vol. 30, pages 528–552, December 1998. [21]

[Cui 2003] Hang Cui et Ji-rong Wen. *Hierarchical indexing and flexible element retrieval for structured documents*. In Proc. of the 25th European Conf. on IR Research (ECIR 2003), pages 73–87, Pisa, Italy, 2003. [30]

[Fernandes 2007] David Fernandes, Edleno S. de Moura, Berthier Ribeiro-Neto, Altigran S. da Silva et Marcos André Gonçalves. *Computing block importance for searching on web sites*. In Proc of CIKM'07, pages 165–174, New York, NY, USA, 2007. ACM. [39]

[Fuhr 1992] N. Fuhr. *Probabilistic Models in Information Retrieval*. The Computer Journal, vol. 35, no. 3, pages 243–255, 1992. [21]

[Fuhr 2002] N. Fuhr, N. Goevert, G. Kazai et M. Lalmas. *INEX : Intitiative for the Evaluation of XML Retrieval*. In D. Sandor, M. Lalmas et C. J. Rijsbergen, editeurs, Proceedings of the Workshop on XML and Information Retrieval, Tampere, Finland, August 2002. [2, 22, 26]

[Fuller 1993] Michael Fuller, Eric Mackie, Ron Sacks-Davis et Ross Wilkinson. *Structured answers for a large structured document collection.* In Proceedings of the 16th annual international ACM SIGIR conference on Research and development in information retrieval, SIGIR '93, pages 204–213, New York, NY, USA, 1993. ACM. [28, 29]

[Geva 2009] Shlomo Geva, Jaap Kamps et Andrew Trotman, editeurs. Advances in focused retrieval, 7th international workshop of the initiative for the evaluation of xml retrieval, inex 2008, dagstuhl castle, germany, december 15-18, 2008. revised and selected papers, volume 5631 of *Lecture Notes in Computer Science.* Springer, 2009. [171, 176, 183]

[Geva 2010] Shlomo Geva, Jaap Kamps et Andrew Trotman, editeurs. Focused retrieval and evaluation, 8th international workshop of the initiative for the evaluation of xml retrieval, inex 2009, brisbane, australia, december 7-9, 2009, revised and selected papers, volume 6203 of *Lecture Notes in Computer Science.* Springer, 2010. [178, 179]

[Group 2009] W3C OWL Working Group. *OWL 2 Web Ontology Language Document Overview.* W3C recommendation, W3C, Octobre 2009. http ://www.w3.org/TR/2009/REC-owl2-overview-20091027/. [89]

[Ha 1995] Jaekyu Ha, R. M. Haralick et I. T. Phillips. *Recursive X-Y cut using bounding boxes of connected components.* In ICDAR '95 : Proceedings of the Third International Conference on Document Analysis and Recognition (Volume 2), page 952, Washington, DC, USA, 1995. IEEE Computer Society. [37, 95, 98, 99]

[Harter 1975] S. Harter. *A Probabilistic Approach to Automatic Keyword Indexing*. Journal of the American Society for Information Retrieval Science, pages 197–206 and 280–289, 1975. [21]

[Hiemstra 1998] Djoerd Hiemstra. *A Linguistically Motivated Probabilistic Model of Information Retrieval*. In Proceedings of the Second European Conference on Research and Advanced Technology for Digital Libraries, ECDL '98, pages 569–584, London, UK, 1998. Springer-Verlag. [21]

[Huang 2006] Fang Huang, Stuart N. K. Watt, David J. Harper et Malcolm Clark. *Compact Representations in XML Retrieval*. In Norbert Fuhr, Mounia Lalmas et Andrew Trotman, editeurs, INEX, volume 4518 of *Lecture Notes in Computer Science*, pages 64–72. Springer, 2006. [32]

[Ihadjadene 2004] Madjid Ihadjadene. Les systèmes de recherche d'informations : modèles conceptuels. Traité des sciences et technologies de l'information. Hermès science publications, Paris, 2004. [171, 179]

[Itakura 2008] Kelly Y. Itakura et Charles L. A. Clarke. *University of Waterloo at INEX 2008 : Adhoc, Book, and Link-the-Wiki Tracks*. In Geva et al. [Geva 2009], pages 132–139. [32]

[Jones 2000] K. Sparck Jones, S. Walker et S. E. Robertson. *A probabilistic model of information retrieval : development and comparative experiments*. Inf. Process. Manage., vol. 36, pages 779–808, November 2000. [21]

[Jovan Pehcevski 2003] James A. Thom Jovan Pehcevski et Anne-Marie Vercoustre. *XML-Search Query Language : Needs and Requirements*. In

Proceedings of AUSWeb 2003, The Ninth Australian World Wide Web Conference, pages 487–495, July 2003. [28]

[Kay 2007] Michael Kay, Don Chamberlin, Jonathan Robie, Mary F. Fernández, Jérôme Siméon, Scott Boag et Anders Berglund. *XML Path Language (XPath) 2.0*. W3C recommendation, W3C, Janvier 2007. http ://www.w3.org/TR/2007/REC-xpath20-20070123/. [25, 28]

[Kim 2006] Jong Wook Kim et K. Selçuk Candan. *Leveraging Structural Knowledge for Hierarchically-Informed Keyword Weight Propagation in the Web*. In Olfa Nasraoui, Myra Spiliopoulou, Jaideep Srivastava, Bamshad Mobasher et Brij M. Masand, editeurs, Advances in Web Mining and Web Usage Analysis, 8th International Workshop on Knowledge Discovery on the Web, WebKDD 2006, Philadelphia, PA, USA, August 20, 2006, Revised Papers, volume 4811 of *Lecture Notes in Computer Science*, pages 72–91. Springer, 2006. [72]

[Lafferty 2001] John Lafferty et Chengxiang Zhai. *Document language models, query models, and risk minimization for information retrieval*. In Proceedings of the 24th annual international ACM SIGIR conference on Research and development in information retrieval, SIGIR '01, pages 111–119, New York, NY, USA, 2001. ACM. [21]

[Lalmas 1997] Mounia Lalmas. *Dempster-Shafer's theory of evidence applied to structured documents : modelling uncertainty*. In Proceedings of the 20th annual international ACM SIGIR conference on Research and development in information retrieval, SIGIR '97, pages 110–118, New York, NY, USA, 1997. ACM. [29]

[Lavrenko 2001] Victor Lavrenko et W. Bruce Croft. *Relevance based language models*. In Proceedings of the 24th annual international ACM SIGIR conference on Research and development in information retrieval, SIGIR '01, pages 120–127, New York, NY, USA, 2001. ACM. [21]

[Lee 2004] Chee How Lee, Min-Yen Kan et Sandra Lai. *Stylistic and lexical co-training for web block classification*. In WIDM '04 : Proceedings of the 6th annual ACM international workshop on Web information and data management, pages 136–143, New York, NY, USA, 2004. ACM. [40]

[Li 2009] Rongmei Li et Theo P. van der Weide. *Language Models for XML Element Retrieval*. In Geva et al. [Geva 2010], pages 95–102. [32]

[Lin 2002] Shian-Hua Lin et Jan-Ming Ho. *Discovering informative content blocks from Web documents*. In Proc. of the 8th ACM SIGKDD Int. Conf. on Knowledge Discovery and Data Mining, pages 588–593, Edmonton, Alberta, Canada, 2002. [37]

[Liu 2006] Yan Liu, Qiang Wang, QingXian Wang, Yao Liu et Liang Wei. *An Adaptive Scoring Method for Block Importance Learning*. In Web Intelligence, pages 761–764, 2006. [38]

[Maron 1960] M. E. Maron et J. L. Kuhns. *On Relevance, Probabilistic Indexing and Information Retrieval*. Journal of the ACM, vol. 7, pages 216–244, July 1960. [19, 20]

[Maron 1977] M. E. Maron. *On indexing, retrieval and the meaning of about*. Journal of the American Society for Information Science, vol. 28, no. 1, pages 38–43, 1977. [20]

[Moëllic 2006] P.A. Moëllic et C. Fluhr. *ImagEval 2006 official campaign*. Rapport technique, CEA List, 2006. [140]

[Mulhem 2009] Philippe Mulhem et Jean-Pierre Chevallet. *Use of Language Model, Phrases and Wikipedia Forward Links for INEX 2009*. In Geva et al. [Geva 2010], pages 103–111. [32]

[Myaeng 1998] Sung Hyon Myaeng, Don-Hyun Jang, Mun-Seok Kim et Zong-Cheol Zhoo. *A flexible model for retrieval of SGML documents*. In Proceedings of the 21st annual international ACM SIGIR conference on Research and development in information retrieval, SIGIR '98, pages 138–145, New York, NY, USA, 1998. ACM. [29]

[Nagy 1992] George Nagy, Sharad C. Seth et Mahesh Viswanathan. *A Prototype Document Image Analysis System for Technical Journals*. IEEE Computer, vol. 25, no. 7, pages 10–22, 1992. [95]

[Narayan 2005] B. Lakshmi Narayan et Sankar K. Pal. *Detecting Sequences and Cycles of Web Pages*. In Andrzej Skowron, Rakesh Agrawal, Michael Luck, Takahira Yamaguchi, Pierre Morizet-Mahoudeaux, Jiming Liu et Ning Zhong, editeurs, Web Intelligence, pages 80–86, Compiegne, France, September 2005. IEEE Computer Society. [72]

[Ng 1999] Kenney Ng. *A Maximum Likelihood Ratio Information Retrieval Model*. In TREC, 1999. [21]

[Nie 2004] Jian-Yun Nie et Jacques Savoy. Modèles probabilistes en recherche d'informations, chapitre 3, pages 55–76. In *Traité des sciences et technologies de l'information* [Ihadjadene 2004], 2004. [21]

[O'Keefe 2003] Richard A. O'Keefe et Andrew Trotman. *The Simplest Query Language That Could Possibly Work*. In In Proceedings of the 2nd workshop of the initiative for the evaluation of XML retrieval (INEX), pages 167–174, 2003. [28]

[Picault 2006] Coralie Picault. *Constitution of the ImagEval Corpus : An end user-oriented approach*. In ImagEVAL'06, 2006. [140]

[Pollak 2007] Bernhard Pollak et Wolfgang Gatterbauer. *Creating Permanent Test Collections of Web Pages for Information Extraction Research*. In Proceedings of the 33nd International Conference on Current Trends in Theory and Practice of Computer Science (SOFSEM 2007), volume II, pages 103–115. ICS AS CR (Institute of Computer Science, Academy of Sciences of the Czech Republic), Janvier 20–26, 2007. [141]

[Ponte 1998] Jay M. Ponte et W. Bruce Croft. *A language modeling approach to information retrieval*. In Proceedings of the 21st annual international ACM SIGIR conference on Research and development in information retrieval, SIGIR '98, pages 275–281, New York, NY, USA, 1998. ACM. [21]

[Robertson 1976] S. E. Robertson et K. Sparck Jones. *Relevance weighting of search terms*. Journal of the American Society for Information Science, vol. 27, no. 3, pages 129–146, 1976. [19]

[Robertson 1977] S. E. Robertson. *The Probability Ranking Principle in IR*. Journal of Documentation, vol. 33, no. 4, pages 294–304, 1977. [19]

[Salton 1975] Gerard Salton, A. Wong et C. S. Yang. *A Vector Space Model for Automatic Indexing*. Communications of the ACM, vol. 18, no. 11, pages 613–620, 1975. [17, 57, 77, 123]

[Sauvagnat 2004] Karen Sauvagnat, Mohand Boughanem et Claude Chrisment. *Searching XML Documents Using Relevance Propagation*. In Alberto Apostolico et Massimo Melucci, editeurs, SPIRE, volume 3246 of *Lecture Notes in Computer Science*, pages 242–254. Springer, 2004. [31]

[Shafer 1976] Glenn Shafer. A mathematical theory of evidence. Princeton University Press, Princeton, N.J., 1976. [29]

[Shanmugasundaram 2009] Jayavel Shanmugasundaram, Chavdar Botev, Mary Holstege, Pat Case, Michael Dyck, Jochen Doerre, Michael Rys, Stephen Buxton, Jim Melton et Sihem Amer-Yahia. *XQuery and XPath Full Text 1.0*. Candidate recommendation, W3C, Juillet 2009. http ://www.w3.org/TR/2009/CR-xpath-full-text-10-20090709/. [26]

[Shen 2000] Heng Tao Shen, Beng Chin Ooi et Kian-Lee Tan. *Giving meanings to WWW images*. In MULTIMEDIA '00 : Proceedings of the eighth ACM international conference on Multimedia, pages 39–47, New York, NY, USA, 2000. ACM. [42]

[Sigurbjörnsson 2004] Börkur Sigurbjörnsson et Andrew Trotman. *Queries : INEX 2003 working group report*. In INEX 2003 Workshop Proceedings, pages 167–170, 2004. [28]

[Sigurbjörnsson 2005] Börkur Sigurbjörnsson et Jaap Kamps. *The Effect of Structured Queries and Selective Indexing on XML Retrieval*. In Norbert

Fuhr, Mounia Lalmas, Saadia Malik et Gabriella Kazai, editeurs, INEX, volume 3977 of *Lecture Notes in Computer Science*, pages 104–118. Springer, 2005. [32]

[Simon 2005] Kai Simon et Georg Lausen. *ViPER : augmenting automatic information extraction with visual perceptions.* In Proc. of the 14th ACM Int. Conf. on Information and knowledge Management (CIKM 2005), pages 381–388, Bremen, Germany, 2005. [32, 95, 98]

[Singhal 1996] Amit Singhal, Chris Buckley et Mandar Mitra. *Pivoted document length normalization.* In Proc. of the 19th ACM SIGIR Int. Conf. on Research and Development in Information Retrieval (SIGIR'96), pages 21–29, Zürich, Switzerland, 1996. [18]

[Song 1999] Fei Song et W. Bruce Croft. *A General Language Model for Information Retrieval.* In In Proceedings of the 1999 ACM SIGIR Conference on Research and Development in Information Retrieval, pages 279–280, 1999. [21]

[Song 2004] Ruihua Song, Haifeng Liu, Ji-Rong Wen et Wei-Ying Ma. *Learning block importance models for web pages.* In Proc. of the 13th Int. Conf. on World Wide Web (WWW 2004), pages 203–211, Manhattan, NY, USA, 2004. [37, 39]

[Tollari 2007] Sabrina Tollari et Hervé Glotin. *Web Image Retrieval on ImagEVAL : Evidences on visualness and textualness concept dependency in fusion model.* In ACM International Conference on Image and Video Retrieval (ACM CIVR), 2007. [164]

[Trotman 2004] Andrew Trotman et Börkur Sigurbjörnsson. *Narrowed Extended XPath I (NEXI)*. In Proceedings of the 2nd workshop of the initiative for the evaluation of XML retrieval (INEX), volume 3493, pages 16–40, 2004. [28]

[Turtle 1990] H. Turtle et W. B. Croft. *Inference networks for document retrieval*. In Proc. of the 13th annual int. ACM SIGIR conf. on Research and development in information retrieval, SIGIR '90, pages 1–24, New York, NY, USA, 1990. ACM. [21]

[Van Herwijnen 1994] Eric Van Herwijnen. Practical sgml. Kluwer academic pub, Boston, 1994. [29]

[van Zwol 2005] Roelof van Zwol, Jeroen Baas, Herre van Oostendorp et Frans Wiering. *Query Formulation for XML Retrieval with Bricks*. In Proceedings of the INEX 2005 Workshop on Element Retrieval Methodology, Glasgow, 2005. [22]

[Verbyst 2008a] Delphine Verbyst et Philippe Mulhem. *Doxels in context for retrieval : from structure to neighbours*. In ACM SAC 2008 - IAR Track, pages 211–223, Fortaleza, Bresil, mar 2008. [31]

[Verbyst 2008b] Delphine Verbyst et Philippe Mulhem. *Using Collectionlinks and Documents as Context for INEX 2008*. In Geva et al. [Geva 2009], pages 87–96. [31]

[Verbyst 2009] Delphine Verbyst et Philippe Mulhem. *Using collectionlinks and documents as Context for INEX 2008*. In INEX 2008, volume LNCS 5631. Springer Verlag, 2009. [31]

[Wilkinson 1994] Ross Wilkinson. *Effective retrieval of structured documents*. In Proceedings of the 17th annual international ACM SIGIR conference on Research and development in information retrieval, SIGIR '94, pages 311–317, New York, NY, USA, 1994. Springer-Verlag New York, Inc. [28]

[Yi 2003] Lan Yi, Bing Liu et Xiaoli Li. *Eliminating noisy information in Web pages for data mining*. In Proc of the 9th ACM SIGKDD Int. Conf. on Knowledge Discovery and Data Mining, pages 296–305, Washington, DC, USA, 2003. ACM. [37]

[Zou 2006] Jie Zou, Daniel Le et George R. Thoma. *Combining DOM Tree and Geometric Layout Analysis for Online Medical Journal Article Segmentation*. In Proc. of the 6th ACM/IEEE-CS Joint Conf. on Digital Libraries, pages 119–128, Chapel Hill, North Carolina, USA, 2006. [37, 95, 98]

Oui, je veux morebooks!

i want morebooks!

Buy your books fast and straightforward online - at one of world's fastest growing online book stores! Environmentally sound due to Print-on-Demand technologies.

Buy your books online at
www.get-morebooks.com

Achetez vos livres en ligne, vite et bien, sur l'une des librairies en ligne les plus performantes au monde!
En protégeant nos ressources et notre environnement grâce à l'impression à la demande.

La librairie en ligne pour acheter plus vite
www.morebooks.fr

 VDM Verlagsservicegesellschaft mbH
Heinrich-Böcking-Str. 6-8   Telefon: +49 681 3720 174   info@vdm-vsg.de
D - 66121 Saarbrücken   Telefax: +49 681 3720 1749 www.vdm-vsg.de

Printed by Books on Demand GmbH, Norderstedt / Germany